BIBLIOTHÈQUE DE LA PAIX

PUBLIÉE PAR LES SOINS DE LA

LIGUE INTERNATIONALE ET PERMANENTE DE LA PAIX

NEUVIÈME LIVRAISON

DEUXIÈME
ASSEMBLÉE GÉNÉRALE

24 JUIN 1869

DISCOURS

DE MM. MICHEL CHEVALIER, FRÉDÉRIC PASSY,

DU R. P. HYACINTHE,

ETC.

PRIX: UN FRANC

PARIS

BICHON-LAMY ET DEWEZ
ÉDITEURS DE LA BIBLIOTHÈQUE DE LA PAIX

15, RUE CUJAS

GUILLAUMIN ET Cⁱᵉ, 14, RUE RICHELIEU

SECRÉTARIAT, RUE CUJAS, 15

BIBLIOTHÈQUE DE LA PAIX

PUBLIÉE PAR LES SOINS DE LA

LIGUE INTERNATIONALE ET PERMANENTE DE LA PAIX

NEUVIÈME LIVRAISON

DEUXIÈME
ASSEMBLÉE GÉNÉRALE

24 JUIN 1869

DISCOURS

DE MM. Michel CHEVALIER, Frédéric PASSY,

DU R. P. HYACINTHE,

ETC.

PRIX : UN FRANC

PARIS

PICHON-LAMY ET DEVEZ

ÉDITEURS DE LA BIBLIOTHÈQUE DE LA PAIX

15, RUE CUJAS

GUILLAUMIN ET Cⁱᵉ 14, RUE RICHELIEU

SECRÉTARIAT, RUE CUJAS, 15

Le Ligue internationale de la Paix a été constituée le 30 mai 1867 par la DÉCLARATION suivante :

« Les soussignés, unis dans de mêmes sentiments de prévoyance, de justice et d'humanité ;

Considérant que la guerre et les animosités réciproques qu'elle engendre sont en contradiction même avec toutes les tendances de civilisation, et spécialement avec cet irrésistible mouvement qui, de plus en plus, rapproche les hommes par le travail ;

Convaincus que le véritable patriotisme, à mesure qu'il fait mieux sentir aux diverses nations le prix de leur propre indépendance, leur impose plus visiblement le devoir de s'abstenir de toute atteinte et de toute menace à l'indépendance des autres nations ;

Déclarant prendre ensemble la résolution de défendre et de propager, selon leurs forces, ces grands principes de respect mutuel qui doivent être désormais la charte commune du genre humain ;

Et dans cette intention ils se constituent, dès aujourd'hui, en Comité pour la formation d'une *ligue internationale et permanente de la paix* ;

Ils font avec confiance, pour le développement et le succès de cette œuvre, appel au concours de tous les hommes de bonne volonté de tous les pays. »

ALTGELD, conseiller intime de régence à Dusseldorff (Prusse).

ARLÈS DUFOUR, *vice président.*

F. BARTHOLOMEY, président du Conseil d'administration du chemin de fer d'Orléans.

César CANTU, ancien député au Parlement italien.

Michel CHEVALIER, sénateur membre de l'Institut, etc., *vice-président.*

Auguste COUVREUR, membre de la chambre des Représentants de Belgique, rédacteur de l'*Indépendance belge.*

Jean DOLLFUS, ancien maire de Mulhouse, *vice-président.*

Joseph GARNIER, rédacteur en chef du *Journal des économistes*, professeur à l'École impériale des ponts-et-chaussées, secrétaire du Congrès de la Paix, en 1849.

A. GRATRY, prêtre de l'Oratoire, membre de l'Académie française.

Docteur HEDLUND, membre du Parlement, rédacteur en chef du journal *Le Commerce* à Gothembourg.

ISIDOR, grand rabbin du Consistoire central israélite.

Baron Justus de LIEBIG, de Munich, *vice-président.*

Alfred H. LOVE, président de l'U-niversal peace Society à Philadelphie.

NOTTELLE, commerçant.

PAILLOTTET, ancien vice-président du Conseil des prudhommes.

Martin PASCHOUD, pasteur de l'Église réformée de Paris.

J. M. PASTON, sénateur, ancien ministre des finances, président de l'Association espagnole pour la réforme douanière, etc., *vice-président.*

Frédéric PASSY, *secrétaire-général.*

PICTET DE SERGY, ancien Conseiller d'État, président du Comité suisse.

R. Henri RICHARD, membre du Parlement, secrétaire de la Société de la Paix à Londres.

Charles SUMNER, membre du Sénat des États-Unis, à Boston, *vice-président.*

Docteur de VARRENTRAPP, de Francfort.

Auguste VISSCHERS, membre du Conseil des mines de Belgique, président du Congrès de Bruxelles en 1848, vice-président du Congrès de Paris en 1849, etc., *vice-président.*

—

Voir à la fin la Circulaire du Comité.

LIGUE

INTERNATIONALE ET PERMANENTE DE LA PAIX

DEUXIÈME ASSEMBLÉE GÉNÉRALE

La Ligue internationale de la Paix a été constituée le 30 mai 1867 par la DÉCLARATION suivante :

« Les soussignés, unis dans de mêmes sentiments de prévoyance, de justice et d'humanité ;

Considérant que la guerre et les animosités réciproques qu'elle engendre sont en contradiction même avec toutes les tendances de civilisation, et spécialement avec cet irrésistible mouvement qui, de plus en plus, rapproche les hommes par le travail ;

Convaincus que le véritable patriotisme, à mesure qu'il fait mieux sentir aux diverses nations le prix de leur propre indépendance, leur impose plus visiblement le devoir de s'abstenir de toute atteinte et de toute menace à l'indépendance des autres nations ;

Déclarant prendre ensemble la résolution de défendre et de propager, selon leurs forces, ces grands principes de respect mutuel qui doivent être désormais la charte commune du genre humain ;

Et dans cette intention ils se constituent, dès aujourd'hui, en Comité pour la formation d'une *ligue internationale et permanente de la paix* ;

Ils font avec confiance, pour le développement et le succès de cette œuvre, appel au concours de tous les hommes de bonne volonté de tous les pays. »

ALTGELD, conseiller intime de régence à Dusseldorff (Prusse).

ARLÈS DUFOUR, *vice président.*

F. BARTHOLOMEY, président du Conseil d'administration du chemin de fer d'Orléans.

César CANTU, ancien député au Parlement italien.

Michel CHEVALIER, sénateur membre de l'Institut, etc., *vice-président.*

Auguste COUVREUR, membre de la chambre des Représentants de Belgique, rédacteur de l'*Indépendance belge.*

Jean DOLLFUS, ancien maire de Mulhouse, *vice-président.*

Joseph GARNIER, rédacteur en chef du *Journal des économistes*, professeur à l'Ecole impériale des ponts-et-chaussées, secrétaire du Congrès de la Paix, en 1849.

A. GRATRY, prêtre de l'Oratoire, membre de l'Académie française.

Docteur HEDLUND, membre du Parlement, rédacteur en chef du journal *Le Commerce* à Gottembourg.

ISIDOR, grand rabbin du Consistoire central israélite.

Baron Justus de LIEBIG, de Munich, *vice-président.*

Alfred H. LOVE, président de l'Universal peace Society à Philadelphie.

NOTTELLE, commerçant.

PAILLOTTET, ancien vice-président du Conseil des prudhommes.

Martin PASCHOUD, pasteur de l'Église réformée de Paris.

J. M. PASTOR, sénateur, ancien ministre des finances, président de l'Association espagnole pour la réforme douanière, etc., *vice-président*

Frédéric PASSY, *secrétaire-général.*

PICTET DE SERGY, ancien Conseiller d'Etat, président du Comité suisse.

R. Henri RICHARD, membre du Parlement, secrétaire de la Société de la Paix à Londres.

Charles SUMNER, membre du Sénat des États-Unis, à Boston, *vice-président.*

Docteur de VARRENTRAPP, de Francfort.

Auguste VISSCHERS, membre du Conseil des mines de Belgique, président du Congrès de Bruxelles en 1848, vice-président du Congrès de Paris en 1849, etc., *vice-président.*

—

Voir à la fin la Circulaire du Comité,

LIGUE

INTERNATIONALE ET PERMANENTE
DE LA PAIX

DEUXIÈME ASSEMBLÉE GÉNÉRALE

367 — ABBEVILLE, IMP. BRIEZ, C. PAILLART ET RETAUX

DEUXIÈME

ASSEMBLÉE GÉNÉRALE

24 JUIN 1869

DISCOURS

DE MM. Michel CHEVALIER, Frédéric PASSY
DU R. P. HYACINTHE.

PRIX : UN FRANC

PARIS

PICHON-LAMY ET DEWEZ
ÉDITEURS DE LA BIBLIOTHÈQUE DE LA PAIX
15, RUE CUJAS
GUILLAUMIN ET Cie 14, RUE RICHELIEU
SECRÉTARIAT, RUE CUJAS, 15

AVANT-PROPOS

Voici enfin, après plus de deux mois, le compte-rendu de la seconde assemblée générale de la *Ligue de la Paix*. C'est bien tard, quoique ce ne soit pas plus tard que l'an passé ; mais on ne fait pas ce qu'on veut, et les personnes qui attendaient notre volume savent bien qu'il n'a pas dépendu de nous de le leur donner plus vite.

Heureusement (nous pouvons le dire), ce volume n'était pas nécessaire pour empêcher la belle séance du 24 juin de tomber dans l'oubli, et la presse, pendant ces deux mois, n'a guère cessé, bien ou mal, d'en occuper le public. Les deux discours capitaux, celui de M. Michel Chevalier et celui du R. P. Hyacinthe, n'ont pas été seulement discutés; il ont été, dans les journaux et dans les revues, largement reproduits, et ceux-là seuls qui n'ont pas pris la peine de les chercher pourraient se plaindre de ne pas les connaître encore.

Heureusement, aussi, ces discours, et les autres documents réunis à côté d'eux, ne sont pas de ceux dont l'intérêt est avant tout de circonstance. L'attention qui s'attache à tout ce qui a trait à la paix et à la guerre est loin de s'affaiblir. C'est une question vitale, tout le monde le sent ; et cette question restera à l'ordre du jour jusqu'à ce qu'elle soit résolue. Ne nous inquiétons donc pas du sort de ces feuilles ; le compte-rendu de 1868 a eu, dans l'espace d'un an, trois éditions, d'un tirage supérieur à l'ordinaire : le compte-rendu de 1869 n'aura pas plus mauvaise fortune.

Un mot, si le lecteur le veut bien, sur la composition de ce second volume. Elle est la même que celle du premier, et nous n'avons voulu rien changer à un plan qui a été généralement approuvé.

Comme fond, la séance elle-même, telle que nous l'a fournie une sténographie exacte et sûre ; et telle qu'avaient droit de la réclamer et les assistants désireux de conserver ce qu'ils ont entendu, et les absents curieux d'avoir ce qu'il n'ont pu entendre.

Nous n'essaierons pas de dire ici ce que nous pensons de ces paroles : nous risquerions de ne pas paraître impartial ; et nous aimons mieux nous abstenir. Notre tâche est de tout mettre, aussi fidèlement que possible, à la disposition de tous ; à chacun d'apprécier.

Nous ne dirons qu'une chose, parce qu'elle est de l'essence même de notre œuvre, et, à notre avis, de l'essence de toute œuvre analogue, quels qu'en soient d'ailleurs l'objet et la devise. C'est que la *Ligue de la Paix* n'a qu'un programme, celui au nom duquel se sont réunis ses premiers adhérents et au nom duquel ils continueront de faire appel à d'autres. Diverses personnes, d'opinions fort diverses, lui ont reproché tantôt d'être et tantôt de n'être pas ce qu'elle n'est pas ; d'avoir ou de n'avoir pas tel ou tel but, principal ou secondaire, autre que son but avoué, soit politique, soit religieux, soit anti-religieux. Nous répondons que toutes ces accusations, non-seulement divergentes, mais contradictoires, se détruisent mutuellement ; et qu'elles ne valent pas mieux, au fond, les unes que les autres. Le plus grand obstacle au progrès, c'est la façon dont on le poursuit en général ; et le vice habituel de cette poursuite, c'est la passion, qui induit en erreur à l'égard des choses et en injustice à l'égard des personnes.

Le mal est comme ce faisceau dont parle La Fontaine : pour en avoir raison il faut le prendre en détail, et sur chaque point à son tour porter le plus d'efforts possible. On fait le contraire : on divise l'attaque et on concentre les résistances ; on sépare les mains et on confond les tâches. Ce n'est pas ainsi, nous le déclarons de nouveau, que nous avons compris notre devoir. *Une seule chose à la fois, et pour cette seule chose l'action commune de tous ceux qui la veulent :* voilà la pratique que recommandent à la fois la prudence et l'équité ; voilà celle dont l'expérience a constaté la valeur ; voilà la nôtre ; et tant pis pour ceux à qui elle n'aurait pas le bonheur d'agréer. Quand un homme se noie, il ne demande pas, avant de se laisser sauver, ce que peut penser en médecine, en chimie ou en hydrostatique celui qui lui vient en aide: il commence par profiter de son secours, puis il le remercie; sauf à discuter avec lui plus tard, s'il y a lieu. Quand un incendie éclate, les honnêtes gens courent à la chaîne; et nul ne s'avise, avant de recevoir ou de passer le seau, de s'informer si le voisin de droite ou le voisin de gauche n'aurait pas, par hasard, des idées différentes des siennes en politique, en morale ou en religion. Tous se sentent, pour le moment, en face d'un service public qui s'impose à tous, et tous le font : voilà tout.

Le feu de la guerre, qui, même lorsqu'il couve, dessèche les moissons et dévore les hommes, est un bien autre feu que celui des plus redoutables incendies. Il serait trop étrange, en vérité, que ceux qui le redoutent pour eux-mêmes ou qui s'en préoccupent pour leurs semblables ne pussent pas, au nom de l'intérêt ou au nom de la charité, conjurer leurs efforts pour le combattre. Telle est pourtant, réduite à ses derniers termes, la prodigieuse prétention de ces esprits malheureux qui, dans des camps opposés, ne peuvent admettre qu'on s'unisse pour un devoir commun sans renoncer à toute indépendance, ou qu'on soit en désaccord sur un point quelconque sans rompre sur tous et se jurer une haine éternelle. Il est vrai

1.

qu'eux-mêmes, séparés sur les bases mêmes de la vie, ne paraissent pas s'en trouver gênés pour faire ensemble cette petite campagne.

Après la séance, l'*appendice*. Toute l'année, de toutes parts, nous recevons des lettres ou des études, nous recueillons des documents, à l'intention de nos amis autant au moins qu'à la nôtre ; et la diffusion de ces documents importe aux progrès de la cause qu'ils servent avec nous. Il n'est pas possible, quoique nous fassions, de les mettre tous à mesure à la disposition de tous ; et le *Rapport annuel*, quelque étendue qu'on lui accorde, ne saurait en donner qu'un très-incomplet aperçu. La place naturelle de ces communications est à la suite de l'assemblée, dans ce volume qui forme comme le résumé de l'année, et qui, plus souvent que d'autres, est destiné à être consulté par tous. C'est dans cette pensée que nous avons, comme l'an dernier, doublé le compte-rendu d'un dossier de *pièces justificatives* qui ne sera pas, nous le pensons, parcouru sans intérêt. On y trouvera plus d'un extrait remarquable, et des faits dont la signification n'est pas équivoque.

On n'y trouvera pas cependant, nous tenons à le dire, tout ce qu'il serait désirable d'y trouver, et l'on jugerait mal de l'état de nos archives si l'on pensait que nous avons, selon l'expression vulgaire, *vidé notre sac.* La réunion des *Bulletins* que nous avons, pendant le cours d'une année à peine, essayé de publier périodiquement dans un des principaux journaux parisiens, formerait, à elle seule, un volume autrement considérable que celui-ci. Nous n'avons jamais imaginé, pourtant, que ces *Bulletins* fussent une revue suffisante du mouvement pacifique; et nous seul pouvons savoir au prix de quelles réductions, la plupart du temps, ils ont pu être maintenus à peu près dans les limites voulues.

Pour mieux faire, pour faire ce qui conviendrait, et ce qui est justement désiré par un bon nombre de nos adhérents, il faudrait davantage. Il faudrait, en outre des articles de toute provenance et de toute nature que, de plus en plus, la presse consacre aux questions de paix et de guerre, un recueil spécial, où seraient rassemblés ou visés tous ces travaux; un *moniteur des amis de la paix,* en quelque sorte, fournissant chaque mois, chaque

quinzaine peut-être, avec les inscriptions et les
souscriptions de la période, les renseignements de
nature à éclairer et à exciter le zèle : donnant le
titre et l'analyse des publications nouvelles, résumant les discussions, indiquant les conférences ou
les lectures ; mettant, en un mot, à la portée des
intéressés, tout cet ensemble de documents et de
faits partout épars, et qu'il est si difficile en général de se procurer et encore plus de conserver.

Il faudrait autre chose ; il faudrait un almanach,
— l'*Almanach de la Paix*, — contenant, avec tout
ce qu'on a l'habitude de chercher dans un almanach,
le tableau des différentes sociétés pacifiques du
monde ; faisant connaître l'origine, la composition,
les ressources de ces sociétés et leurs relations
entre elles ; présentant de plus, sous la forme la plus
simple et la plus saisissante, les indications statistiques, économiques et historiques les plus propres
à faire comprendre l'énormité du fardeau dont
la convoitise et la haine ont chargé les épaules du
genre humain : anecdotes, extraits de budgets, traits
de dévouement et épisodes de guerre empruntés
aux meilleures sources. Tel almanach spécial ,
celui *des Bons Conseils*, par exemple, se répand en

France, nous assure-t-on, chaque année, par 300,000 exemplaires. Tel autre, celui de *l'association pour la Réforme Financière*, dont le siége est à Liverpool, est semé à profusion dans le Royaume-Uni. Publié à la fois sous forme de brochure, facile à mettre dans la poche, et sous forme de pancarte pour coller au mur, ce dernier est un véritable modèle du genre. On y trouve tout, et surtout ce qui est de nature à faire bien connaître le poids des impôts mal établis. Nous ne voyons pas pourquoi, sauf à s'aider largement de ce qui est déjà fait, on ne ferait pas peu à peu aussi bien et l'on n'arriverait pas à un succès analogue. Il ne manque pas, ce nous semble, — puisqu'aujourd'hui c'est la jeunesse qui, comprenant mieux l'honneur, répudie la guerre, — de jeunes gens en état d'entreprendre l'une ou l'autre de ces deux tâches. Qu'ils y songent donc; et qu'ils soient assurés, s'ils ont besoin, pour les mener à bien, de l'aide du comité, que cette aide ne lui fera pas défaut. La tâche du Comité n'est pas de tout faire, mais de provoquer à faire; et il ne saurait, dans la pensée unanime de ses membres, mieux employer son influence et ses ressources, à mesure qu'elles grandissent, qu'à

susciter autour de lui, pour l'œuvre commune, de
nouvelles activités et de nouvelles initiatives. Il y
a, nous avons eu déjà l'occasion de le dire, des
gens qui pensent qu'en entrant dans une société,
on se décharge, sur ceux à qui l'on remet son
nom et son argent, de toute préoccupation et de
tout souci, et qu'on acquiert aussitôt, moyennant sa
cotisation, le droit de toujours demander du travail et de n'en jamais donner. Nous croyons, nous,
qu'on ne s'unit pas pour faire moins, mais pour
faire davantage, aussi bien que pour donner plus
de valeur à ce qu'on fait, et que c'est de la vie des
parties que dépend celle de l'ensemble. Nous ne
sommes pas, Dieu merci, seuls à le croire, et nous
serions injustes si, après avoir rappelé au nom de
tous le devoir commun, nous ne constations, en
terminant, avec une sincère gratitude, que ce devoir est chaque jour mieux compris, mieux rempli;
que *la Ligue de la Paix*, en somme, n'est pas, comme
on a bien voulu le dire, une tête, mais un corps,
et un corps partout grandissant et partout agissant.

Frédéric PASSY.

LIGUE
INTERNATIONALE ET PERMANENTE
DE LA PAIX

DEUXIÈME ASSEMBLÉE GÉNÉRALE

24 JUIN 1869

PRÉSIDENCE DE M. MICHEL CHEVALIER

SÉNATEUR, MEMBRE DE L'INSTITUT, L'UN DES VICES-PRÉSIDENTS
DE LA LIGUE

La séance est ouverte à deux heures et demie.

M. le Président prend place au bureau avec MM. les membres du Comité central présents à Paris. Il a à ses côtés MM. Pictet de Sergy, ancien conseiller d'État, Président du Comité Genevois de la Ligue et Wertheimer, grand rabbin, membre du même comité, délégués spécialement pour le représenter à la séance. Sur l'estrade, autour du bureau, se pressent un grand nombre de membres fondateurs et de personnes notables, écrivains, négociants, industriels, ecclésiastiques, etc., parmi lesquels on remarque: M. J. Warnier, président de la société industrielle de Reims ; E. Peugeot, de la maison Peugeot frères (de Valentigney); G. de Molinari, *des Débats*; E. Yung, directeur *de la Revue Cours*; X. Feyrnet, du *Temps*; l'abbé de Guerry, curé de la Madeleine, l'abbé Loyson, professeur de morale à la faculté de théologie et les RR. Pères Adolphe et Ch. Perraud de l'Oratoire; MM. Paillottet, Quijano, Joseph Garnier, de la société des économistes ; Brunet, Nottelle, Farjasse, Dr Raffinesque, membres fondateurs de la Ligue etc., etc.

M. le Président prend la parole et prononce le discours suivant :

MESDAMES ET MESSIEURS,

Je tiens d'abord à vous exprimer combien je me sens honoré de présider une réunion dont le but est si élevé, car il s'agit de soutenir la cause de la paix et d'en revendiquer les droits. Il n'est aucun sujet qui doive exciter l'enthousiasme à un degré pareil. La paix répond au sentiment de tous les cœurs généreux. Elle est l'aspiration des peuples civilisés. Pour nous français, comme pour les autres Européens, elle est devenue d'une nécessité impérieuse. Je me félicite donc infiniment de la mission qui m'est échue. C'est un honneur qui est fort au dessus de mon mérite, et je n'aurais pas osé l'accepter si je n'y avais été provoqué par des collègues aussi distingués, qui en s'asseyant avec moi sur cette estrade m'encouragent par leur solidarité. Je n'aurais pas osé si je n'avais été certain d'avance de rencontrer un auditoire sympathique et indulgent. (*Parlez! Parlez! — Marques d'attention.*)

Mais avant de prendre la parole pour mon compte j'ai à vous communiquer une dépêche de l'honorable président de notre société, M. Jean Dollfus, un homme qui laissera un nom dans l'histoire, moins encore parce qu'il est un des chefs d'industrie les plus capables de notre temps, que parce que, d'une part, il consacre une partie de sa vie à garantir la paix intérieure de la France, la paix sociale, en fondant des institutions favorables au progrès des populations ouvrières, et en faisant de grands sacrifices dans ce but patriotique, et d'autre part il ne néglige rien de ce que peut un simple citoyen pour l'affermissement de la paix de l'Europe. (*Très-bien! Très-bien! — C'est vrai!*)

Voici cette dépêche :

« Je suis vivement contrarié de ne pouvoir quit-
« ter Mulhouse aujourd'hui, afin de me trouver
« avec vous à la séance de la ligue permanente et
« internationale de la Paix. J'aurais été heureux
« de contribuer au moins par ma présence au bien
« que feront les différents orateurs dont les dis-
« cours sont annoncés. Mon cœur sera avec vous.

« Vous m'obligerez bien de m'écrire ce qui se sera
« passé. »

JEAN DOLLFUS.

Je continue pour mon propre compte.

S'il ne s'agissait que de prouver au public que
la paix est préférable à la guerre, que l'une est
une déesse bienfaisante tenant à la main une corne
d'abondance dont elle se plaît à répandre les trésors
sur le genre humain, et que l'autre est un génie
destructeur qui sème, autour de lui et au loin, la
ruine, le désespoir, et la mort, nous serions fondés
à dire que nos soins sont superflus parce que la
tâche a été surabondamment remplie par une mul-
titude d'écrivains distingués et d'orateurs éminents.
Le genre humain depuis bien longtemps jette un
long cri de protestation contre les horreurs de la
guerre. Si bien que faire l'apologie de la guerre en
elle-même ce serait lancer un défi à la conscience
publique.

Et cependant, Messieurs, la guerre n'a pas cessé
de ravager la terre. Les institutions militaires
n'ont pas cessé d'être au premier rang chez les
peuples civilisés. Au moment où je parle, le nombre des soldats enrégimentés en Europe est
supérieur à ce qui s'était vu, même dans les
sanglantes années de 1812 à 1815, alors que le va-
carme de la guerre la plus acharnée retentissait

des rives du Tage et du Guadalquivir à celles du Rhin, de l'Elbe, de la Vistule et même du Volga. A en juger par la force des armées et par le montant du budget de la guerre dans les États les plus renommés pour l'avancement de leur civilisation, l'on aurait le droit de dire que les amis de la paix sont plus que jamais loin de la victoire et qu'ils ne forment qu'une minorité infime et impuissante.

La Ligue de la paix, dont tous ici nous sommes les organes et les amis, a contre elle une objection profondément enracinée dans les esprits. Tout le monde estime la paix ; mais il y a un vernis de ridicule répandu sur les associations qui, comme la nôtre, portent le nom des Amis de la Paix. On nous suppose cette croyance que l'état normal des choses ici-bas serait ce que les poètes appellent le règne d'Astrée, où les hommes passeraient leur temps dans les douceurs d'une vie pastorale, où l'idéal consisterait à savourer du miel, à se promener une houlette à la main et à composer des sonnets amoureux, ainsi qu'on le voit dans les romans de Mlle de Scudéri dont les héros coulent agréablement leur vie sur les bords fleuris du fleuve de Tendre. On nous représente comme des utopistes étrangers à toute connaissance de la nature humaine, remplis d'idées chimériques sur l'organisation des sociétés, et ne soupçonnant même pas l'existence des passions tumultueuses qui sont toujours prêtes à fermenter dans le cœur de l'homme.

Les membres de la Ligue internationale et permanente de la Paix ont sur la nature humaine d'autres idées que celles qui nous sont malicieusement prêtées par des écrivains ou des orateurs à l'esprit railleur et caustique. Tous tant que nous sommes, notre expérience de la vie nous a passablement édifiés sur ce que c'est que la nature humaine. D'une part nous la voyons, par divers côtés, bonne, généreuse, clémente, se plaisant à faire le bien ; mais nous n'ignorons pas non plus qu'elle est ardente, qu'elle est passionnée, qu'elle n'est pas faite pour le repos, qu'elle est mobile et agitée. Une loi supérieure, qui l'astreint à rechercher le progrès à travers les épreuves, lui tient sans cesse un aiguillon dans le flanc et lui fait continuellement entendre ce cri éloquemment cité par un des princes de la chaire chrétienne: *Marche, marche !* Elle marche en effet, mais non sans faire des faux et des chutes, non sans humeur, non pas sans dépit, non sans irritation contre les obstacles, non sans de fréquentes révoltes contre ses destinées laborieuses. Elle marche inséparable de ses passions qui successivement l'excitent, l'exaltent ou l'exaspèrent. Un philosophe l'a dit, dans le voyage de la vie les passions sont les vents qui gonflent les voiles du navire ; mais ces vents sont sujets à devenir impétueux, et alors ils déchaînent des orages.

Parmi ces orages la guerre figure au nombre des plus désastreux, des plus épouvantables.

Les lumières et la force sont les deux moitiés de la civilisation. Pour qu'elles coopérassent bien à cette grande œuvre, il faudrait qu'elles fussent toujours d'accord, que les lumières restassent toujours les conseillères et les guides de la force, et que la force n'intervînt que dans la mesure nécessaire et sous la forme appropriée pour mettre à exécution ce que les lumières auraient proposé ou approuvé. Mais par la faiblesse de la nature humaine, entre ces deux puissances, les lumières et la force, fréquemment il y a manque d'équilibre, il y a divorce et antagonisme. Les lumières ne se présentent pas toujours sur la scène accompagnées de la volonté qu'il faut pour obtenir la déférence. La force, qui exécute, est sujette à se mettre au service d'appétits ou de sentiments déréglés au lieu de rester sous l'influence des lumières. C'est ainsi que dans l'histoire on a lieu de signaler de si nombreux excès, et parmi ces excès la guerre est au premier rang.

La définition la plus juste peut-être qu'on puisse donner de la vie de l'homme ici-bas, c'est que c'est une lutte ; lutte contre le besoin, la pauvreté, la misère et la maladie ; lutte contre les éléments et contre les forces de la nature, non-seulement pour n'en être pas écrasé, mais aussi pour en maîtriser la puissance et les soumettre à sa volonté comme des serviteurs dociles ; lutte contre les animaux, grands, petits et microscopiques qui s'attaquent à sa personne et aux objets que son industrie a créés, ou qu'elle est en voie de créer; lutte contre l'acharnement de la végétation sauvage ou improductive qui lui dispute le territoire et se révolte, avec une obstination que rien ne lasse, contre les labeurs patients et ingénieux de l'agriculteur. A tant de combats contre la nature qui l'entoure se joint la plus rude de toutes les luttes, celle de l'homme contre son semblable. L'individu lutte contre l'individu, la nation contre la nation. On lutte par l'adresse comme par l'énergie, par la ruse comme par l'audace, par la fraude comme par le talent et le génie. On lutte dans l'exercice des arts utiles comme sur le champ de bataille. Quest-ce que la concurrence, source pourtant de tant de progrès industriels, sinon la lutte organisée ? La vie politique est une lutte incessante. Ainsi la lutte est au fond de toutes les situations dans ce monde. L'homme religieux et le philosophe l'acceptent en ce sens qu'ils y voient une épreuve, un moyen par lequel la personnalité se développe et l'âme se perfectionne et s'épure, comme l'or lorsqu'il subit dans le creuset l'ardeur d'un foyer embrasé.

La guerre, contre laquelle nous sommes ligués et dont nous voudrions autant que possible secouer le joug, est l'exagération suprême de l'esprit de lutte. C'est un *nec plus ultra*, c'est un paroxysme, un accès de fièvre chaude ; c'est la manifestation excessive, désordonnée, insensée même, mais néanmoins une des manifestations possibles d'un attribut inhérent à la nature humaine. C'est l'extrémité d'une pente rapide et abrupte sur le penchant de laquelle l'homme constitué en société est, dans sa témérité et ses emportements, sujet à se placer.

Ainsi, Messieurs, quelque répugnance et quelque aversion que la guerre excite parmi les âmes généreuses, bonnes ou tendres, parmi les esprits éclairés, parmi tous ceux qui savent distinguer ce qui est noble et utile de ce qui est funeste et brutal, il n'y a pas lieu de s'étonner que la guerre jusqu'ici ait occupé tant de place dans le monde.

Mais après les grands changements qui ont été accomplis par les hommes, à la sueur de leur front, et qui ont tant modifié les conditions de l'existence des individus et des sociétés, il y a lieu de rechercher si, à cet égard, l'avenir est condamné à n'être que la triste copie du passé. On est fondé à se demander si des forces nouvelles n'ont pas surgi qui soient de nature à balancer, sinon

complétement, du moins beaucoup mieux qu'on ne
lo vit dans les siècles antérieurs, l'influence pos-
sédée jusqu'ici par le génie dévastateur, oppressif
et meurtrier de la guerre.

Ces forces réparatrices, ces agents puissants du
génie de la paix se montrent au grand jour, Messieurs, et manifestent déjà leur présence par des
faits remarquables. Permettez-moi de vous en signaler particulièrement deux, à savoir: 1° l'industrie, c'est-à-dire l'exploitation, qui de nos jours s'est
tant perfectionnée, du globe terrestre par l'agriculture, par les manufactures, par le commerce ou
art des échanges, et par divers arts accessoires ;
2° la liberté politique, c'est-à-dire le droit que les
nations civilisées, l'Europe en tête, ont recouvré et
reprennent de plus en plus, de se gouverner elles-
mêmes, au moyen du mécanisme connu et si gran-
dement estimé sous le nom de *système constitu-
tionnel*. (Vive approbation.)

Dans les sociétés primitives, la guerre était un
des principaux moyens de satisfaire le besoin
qu'éprouvent et qu'éprouveront toujours la plupart
des hommes qui se sentent quelque valeur, d'en-
tourer leur existence de bien-être et même d'un
certain éclat, et cet autre besoin, plus vivace et
plus impérieux encore, d'avoir de l'autorité sur
leurs pareils.

L'industrie, avec ses perfectionnements accumulés, avec le progrès toujours croissant de sa puissance productive, fournit, pour susciter la richesse, un moyen qui était inconnu dans les tempt anciens, et que, jusqu'à l'époque actuelle, on avais à peine soupçonné.

La culture des sciences a mis l'homme en possession de découvertes qui ne font que se multiplier, et avec l'assistance desquelles nous tirons des entrailles et de la surface de la planète des quantités toujours croissantes de productions variées qui ne sont que des formes diverses de la richesse.

Quand les Romains, les Grecs et les peuples qui les ont précédés se proposaient d'amasser des trésors pour subvenir au faste de leurs chefs ou de leurs aristocraties, le procédé le plus habituel c'était la violence envers leurs semblables, c'était la conquête et le pillage des nations voisines. Le nom de *proconsul*, titre des fonctionnaires chargés chez les Romains de gouverner les provinces, est resté le synonyme de *despotisme* et de *rapine*.

Depuis que les modernes se sont fait un arsenal si bien pourvu d'inventions mécaniques, de procédés chimiques, de découvertes de toutes sortes, il n'est plus besoin de la guerre et de la conquête pour enrichir les hommes puissants et leur entourage, et pour donner de l'éclat à l'existence des dépositaires suprêmes du pouvoir et de leur principaux représentants. Nous possédons, grâce à Dieu, d'autres procédés que cet expédient barbare contre lequel se soulève l'âme indignée.

Tel est dans l'industrie l'accroissement de la puissance productive du travail humain aujourd'hui, à la faveur de l'action combinée de la science et du capital, ou, en d'autres termes, telle est la quantité d'objets de toute sorte qu'un homme peut produire par son labeur, en comparaison de ce qu'il en aurait fait dans le même laps de temps il y a vingt siècles, il y a dix siècles ou même un seul siècle, qu'on peut considérer comme au moment d'être résolu le problème de l'aisance pour tous et de l'opulence pour une minorité considérable, à la seule condition que chacun se fasse une loi de la régularité dans le travail et de l'observation des règles d'une bonne économie privée et publique. (*Approbation.*)

Le besoin de domination ou le désir d'exercer de l'autorité, qu'il est impossible d'arracher du cœur de l'homme, et dont, dans le passé, on cherchait principalement la satisfaction dans la guerre, la paix offre-t-elle un moyen assuré de le contenter? Oui, elle l'offre. Ce n'est pas, Messieurs, une utopie de le croire, car ici le génie de la paix rencontre un admirable auxiliaire dans la liberté politique qui excite aujourd'hui les transports unanimes des peuples façonnés par le christianisme. Chez ces peuples, les souverains eux-mêmes, éclairés, par les enseignements de l'histoire passée et contemporaine, sur leurs propres intérêts, se plaisent présentement à rendre à ce principe un sincère et majestueux hommage. *(Marques d'assentiment.)*

Les nations libres, telles qu'elles tendent visiblement à se constituer en Europe, en Amérique et dans les nombreuses contrées colonisées et peuplées par la race européenne, donnent aux hommes supérieurs et à quiconque a quelque éminence sur ses concitoyens, un moyen relativement facile d'arriver à la possession légitime de cette chose que les hommes distingués, et ceux qui croient l'être, recherchent avec tant d'ardeur et de persévérance: l'influence, le pouvoir.

Dans les sociétés libres, monarchies constitutionnelles ou républiques, le talent, surtout lorsqu'il est joint à l'application au travail, sans laquelle il ne serait qu'une vaine apparence, et à la probité, qui est la quintescence de la vie publique et de la vie privée, *(Applaudissements)*... le talent dis-je, est un talisman avec lequel on est certain d'exercer de l'autorité sur ses concitoyens. Elles sont nombreuses, chez les peuples libres, les situations qui investissent l'homme des moyens de faire sentir son influence légitime. Les assemblées politiques, où un habile orateur voit tout un peuple et quelquefois l'Europe entière suspendue, pour ainsi dire, à ses lèvres, et où le simple citoyen balance, par sa capacité, le pouvoir des premiers dignitaires de l'État et la volonté du souverain lui-même (*Très-bien ! Très-bien !*); les positions élevées du barreau et celles de l'industrie dans ses divers aspects ; les fonctions électives qui, indépendamment des grands corps de l'État, ouvrent aux plus dignes la porte des assemblées provinciales et municipales ; les grands emplois de la magistrature, les chaires de l'enseignement supérieur, tout cela offre à l'homme distingué une manière d'exercer de l'ascendant qui supporte certes la comparaison avec la puissance dont jouissait un roitelet de la Grèce primitive, ou le chef d'une légion romaine, ou le seigneur bardé de fer du moyen âge, et même le général en chef d'une armée, à quelque époque qu'on le voudra dans l'histoire. (*Nouveaux applaudissements.*)

Lorsque les peuples de la civilisation occidentale, — j'appelle ainsi celle qui est née du christianisme, et qui, actuellement, se propage si rapidement sur la terre, — se seront faits aux usages et aux nécessités d'une constitution politique fondée sur la liberté, lorsque les mœurs se seront modelées en conséquence, il y aura chez chacun d'eux une large place faite à l'ambition et à l'amour du pouvoir, sans qu'il soit nécessaire de recourir à la guerre, aux mœurs militaires, et à la puissance dont celles-ci investissent les chefs des armées et leurs lieutenants. Or, il suffit de promener ses regards sur la surface de l'Europe pour reconnaître que la bienfaisante métamorphose dont je parle s'accomplit graduellement dans les mœurs et les usages.

Les deux forces que je viens de recommander à votre attention, l'industrie, c'est-à-dire l'exploitation du globe pour en retirer la plus grande somme possible de richesse, et la liberté politique, c'est-à-dire le gouvernement des peuples civilisés par eux-mêmes, peuvent donc désormais remplacer avantageusement la guerre par la poursuite heureuse de deux biens que les hommes estiment fort et recherchent avec ardeur, à savoir : premièrement le pouvoir, secondement la richesse que, pour l'apprécier avec justesse, il faut considérer comme ce qu'elle est en effet, une forme particulière de la puissance.

Vis-à-vis de la guerre ces deux forces ne doivent pas seulement être envisagées comme ayant cette faculté de substitution et comme la possédant avec avantage. Elles sont en outre par elles-mêmes les adversaires déclarés de la guerre. Entre les besoins et les instincts de l'industrie et les nécessités de la guerre l'opposition est absolue. L'industrie crée, la guerre détruit. La guerre enlève à l'agriculture et aux autres arts utiles leurs travailleurs, au

commerce ses débouchés, à toutes les branches de
la production les capitaux qui leur sont indispensables pour avoir de l'activité et de l'énergie. Chez
un peuple intelligent et sensé, capable de réflexion
et de sang froid, la liberté politique est une garan-
tie contre la guerre par les formes mêmes suivant
lesquelles les grandes déterminations se prennent
sous ses auspices. Elle est une protection contre les
coups de tête et les emportements des dépositaires
du pouvoir, non-seulement par l'influence qu'elle
attribue aux assemblées formées des représentants
de la nation, mais encore par le contrôle, je pourrais dire l.. dictature, qu'exerce dans ces circonstances solennelles l'opinion publique (*Bravo! Bravo!*). Car, Messieurs, de nos jours, grâce à l'imprimerie, pour laquelle les amis de la paix ne sau-
raient avoir trop de reconnaissance, la publicité
des discussions fait de chaque pays, quelque vaste
qu'il soit, un forum où tous les cœurs vibrent ensemble, où les pensées de tous sont en rapport
aussi intime qu'elles pouvaient l'être dans le petit
espace qui entourait la tribune aux harangues, en
présence des Démosthène et des Cicéron.

Ainsi, l'on est fondé à soutenir que le génie de
la guerre rencontre au sein des sociétés actuelles
deux adversaires nouveaux d'une puissance toujours croissante, le génie de l'industrie et le génie
de la liberté politique, qui en s'accordant semblent

devoir réussir à le tenir le plus souvent enchaîné.

Et pourtant ce serait s'abuser que de croire que les forces qui tendent à déchaîner la guerre peuvent être absolument mises hors de cause. C'est pénible à dire, mais on doit s'attendre à ce que de temps en temps elles reprennent l'ascendant. Penser le contraire ce serait confondre la perfectibilité humaine avec la perfection. L'homme et la société sont perfectibles, et l'histoire atteste qu'ils se perfectionnent de bien des manières. Mais l'homme et la société sont sujets à des défaillances. Les peuples les mieux doués ont leurs moments d'aberration pendant lesquels les bons instincts sont surmontés par les mauvais. Toujours le fort sera porté à abuser de sa force et à profiter des prétextes que le faible lui fournira. Toujours l'homme, peuple ou individu, sera accessible à l'envie, à la haine, à la vengeance, à l'irritation qui engendre la violence. De toutes les êtres, l'homme est le plus personnel, et, s'il est vrai que de cette personnalité naissent le besoin et le culte de la liberté, la fécondité de l'initiative, il est également vrai qu'en vertu de la même cause l'homme soit sujet à s'exagérer sa dignité. Dans le débordement de son orgueil, il est enclin à revendiquer les droits qu'il imagine lui appartenir, par tous les moyens, y compris celui de la force brutale. Pas plus que les individus, les grandes personnalités collectives, les nations, ne seront jamais à l'abri de ces entraînements

Au spectacle des guerres qui ont dévasté, appauvri et dépeuplé le monde, on est amené à reconnaître cette triste vérité que l'orgueil est un des vices les plus déplorables de la nature humaine, la principale source du mal ici-bas. La tradition biblique explique par l'orgueil la déchéance de l'homme. Adam et Ève voulurent être égaux à Dieu et c'est pour cela qu'ils prêtèrent l'oreille aux séductions du serpent tentateur et commirent leur grande désobéissance devant l'arbre de la science du bien et du mal. C'est par orgueil que, dans les temps antérieurs au nôtre, les rois absolus ont entrepris la plupart de leurs guerres. Mais il n'est pas démontré que les démocraties, une fois souveraines, n'auront pas leurs flatteurs de même que les rois ont eu les leurs et que ces conseillers de malheur, dont le poëte a dit que c'était le

« Présent le plus funeste
« Que puisse faire..... la colère céleste,

ne caresseront pas et n'exciteront pas l'orgueil des peuples de manière à les pousser à la guerre, en leur faisant accroire que leur dignité et leur honneur l'exigent. Cela s'est rencontré déjà. Il y aura pourtant cette grande différence entre le nouvel état de choses et l'ancien que le dernier mot appartiendra à des assemblées délibérantes astreintes à discuter sérieusement et conformément à des formes conservatrices, en présence de l'opinion publique attentive qui sera pour elles-mêmes un juge souverain, un juge sans appel. (*Bravo ! Bravo !*)

S'il plaît aux nations libres de faire de leur liberté un mauvais usage, ou pour mieux dire d'abjurer leur liberté en subissant le joug de ces adulateurs qui, pour les assujettir, feront semblant de se mettre à leurs pieds, elles le pourront, mais elles auront à en supporter les conséquences. Et quand elles gémiront ensuite sous les fléaux que la guerre entraîne à sa suite, alors même qu'elle est heureuse, elles n'auront à accuser personne qu'elles-mêmes. (*Assentiment.*) Cette responsabilité, dont les hommes sages — qui vraisemblablement ne feront jamais défaut dans les sociétés libres, tant que celles-ci ne seront pas devenues séniles et caduques — ne manqueront pas de faire apparaître la perspective sévère aux regards des nations et des assemblées délibérantes, est, ce me semble, de nature à retenir les uns et les autres, dans le plus grand nombre des cas.

Maintenant, je vous demanderai de concentrer votre attention sur l'Europe, dont nous sommes les enfants. Elle occupe sur le globe terrestre une place bien petite, mais elle a immensément fait pour l'avancement de la civilisation. Depuis trois siècles,

elle est la ruche d'où sont sortis de nombreux es-
saims dont elle a lieu d'être fière et heureuse, qui
ont peuplé de vastes régions éparses sur tout le
reste de la planète, et abandonnées jusque-là à
des races incapables. L'Europe se distingue de la
plupart des autres parties du monde par la densité
de sa population, et plus encore par l'étendue de
ses lumières, ainsi que par l'aptitude à pratiquer
les devoirs de liberté, et, par un juste retour,
à en recueillir les bienfaits. (*Très-bien! Très-bien!*)

Les nations qui, en dehors de l'Europe, jouissent
de la liberté politique, sont des émanations direc-
tes de l'Europe. Elles sont d'autant plus libres que
le sang européen coule plus abondamment dans
leurs veines.

Pareillement pour toutes les branches de l'industrie, l'agriculture, les manufactures, les arts
extractifs, ceux si importants du transport par
terre et par eau, et l'art des échanges tant internationaux qu'intérieurs: dans l'ensemble et même le
détail de ces divers moyens susciter la richesse
des nations, c'est l'Europe ou ses rejetons qui ont
incontestablement la palme.

L'Europe considérée comme une unité, quoique
aujourd'hui les rapports politiques qui existent
entre les différents Etats ne permettent guère de
dire qu'elle forme rien de pareil, l'Europe, dis-je,
dans son ensemble, a possédé et exercé jusqu'à ce

jour la prépondérance sur le reste de la planète. Mais le moment est venu pour elle de réfléchir profondément: il serait téméraire de prédire qu'elle demeurera la reine du monde. Il se forme de l'autre côté de l'océan Atlantique, en face de nous, une Confédération de plus en plus étroitement unie qui occupe un territoire immense, pouvant s'accroître encore, et admirablement disposé par la nature pour être le siége d'une nation de plusieurs centaines de millions d'âmes. En présence d'une création aussi considérable, l'Europe n'est aucunement assurée de conserver la suprématie sur le reste de la terre; mais il dépend d'elle de rester investie d'une autorité à nulle autre inférieure, à la condition de faire le nécessaire. Elle continuera ou elle cessera d'être un des foyers les plus radieux de la civilisation et de jouir d'une très-grande puissance, selon qu'elle répudiera les passions militaires ou qu'elle persistera à les réchauffer dans son sein, (*approbation*)... selon qu'elle gardera ses institutions guerrières ou qu'elle les modifiera profondément, de manière à les réduire dans une très-forte proportion et à les subordonner à ses institutions pacifiques. (*Nouvelle approbation.*)

L'Europe a lieu, désormais, de se regarder et de se traiter elle-même comme une famille. Les philosophes le lui recommandent, les poëtes l'y exhortent dans leurs plus belles compositions. Ses hommes d'État, lorsqu'ils sont de sens rassis et lorsqu'ils repoussent les séductions d'une popularité impudique, sont unanimes dans le même sens. Les hommes religieux de toutes les croyances, indistinctement et sans exception, les y encouragent, et notre Ligue en est bien la preuve: cette estrade même vous l'a montré à une séance précédente, et elle vous le prouve aujourd'hui encore, puisque vous y voyez, amicalement assis l'un près de l'autre, et animés d'une même pensée, des prêtres catholiques, des ministres protestants, des rabbins israélites. Les souverains les plus renommés ont dit que toute guerre européenne était une guerre civile. La grande, l'immense majorité des européens est pour la paix. (*Oui! Oui! Très-bien Très-bien!*)... L'opinion publique ne manque pas une occasion de se manifester en faveur de la paix. Les nations ont des sentiments pacifiques fortement prononcés qu'elles se font un devoir et un honneur de proclamer bien haut.

Et pourtant, encore un fois l'Europe offre l'aspect du camp le plus vaste et le mieux armé qui ait jamais existé. Ce qui est surprenant, ce qui est monstreux, c'est qu'elle s'est mise sur le pied de guerre, non contre des étrangers extra-européens, mais contre elle-même. (*C'est vrai! C'est vrai!*)

Une contradiction aussi criante, aussi injustifiable, doit cesser. La civilisation européenne y succomberait, accablée sous le poids de charges qui anéantiraient le plus net de ses ressources. Au contact des institutions guerrières, les institutions libérales, qui sont de plus en plus en honneur parmi les peuples européens, seraient bientôt condamnées à périr.

Mais comment mettre fin à un pareil état de choses? Un premier groupe de moyens d'une efficacité remarquable serait de multiplier les modes, les occasions et les besoins de rapprochement entre les habitants des différentes contrées de l'Europe.

A ce point de vue, il convient d'achever les chemins de fer et les autres communications à l'aide desquelles les habitants des différentes parties de l'Europe apprennent à se connaître. De même, il y a lieu de donner plus d'essor à l'enseignement des langues vivantes.

Toute éducation distinguée devrait comprendre au moins le français, l'anglais et l'allemand, qui sont les trois langues par lesquelles, aujourd'hui, s'exerce le plus la pensée humaine, et, dans beaucoup de cas, l'italien et l'espagnol seraient indispensables. La différence des langages est une des barrières les plus insurmontables entre les hommes. Jusqu'ici, cette branche de l'instruction a été extrêmement négligée chez nous.

Il y a lieu de favoriser l'uniformité des poids et mesures, y compris les monnaies, et de faire de même pour divers règlements commerciaux, sur les brevets d'invention par exemple; de même pour ceux de la télégraphie, qui restent différents, malgré les conventions passées jusqu'ici; de même pour le méridien à partir duquel on compte les longitudes; faute d'accord sur ce point, les livres de géographie d'un pays sont inintelligibles chez ses voisins. A ces indications de mesures propres à faciliter le rapprochement des peuples européens, je pourrais en ajouter bien d'autres, mais chacun de vous le fera mieux que moi.

Il serait utile d'achever le triomphe du principe de la liberté de commerce, qui est si conforme à l'intérêt commun des peuples civilisés, et à l'aide duquel chaque industrie doit constamment avoir, chez chaque nation, le maximum de puissance productive. Par le même moyen doit s'établir un prodigieux courant d'échanges de toutes sortes de productions. Cette concurrence universelle déterminera ainsi une solidarité des plus profitables à la paix. A ce sujet, mon illustre ami, Richard Cobden, dont l'Angleterre, en ce moment, regrette plus que jamais la perte, m'écrivait il y a dix ans ces paroles : « Si je désire voir établir la liberté du commerce entre la France et l'Angleterre, ce n'est pas, croyez-le bien, que je me préoccupe beaucoup d'étendre les débouchés de nos manufactures. En temps ordinaire, avec nos colonies toujours croissantes, et par le commerce général du monde, nous avons tout au moins le travail qui est nécessaire à nos ateliers. Une plus grande demande de nos produits pourrait, par la demande des bras qui s'ensuivrait, exciter parmi nos populations ouvrières des prétentions qui, à cause de l'insuffisance de leurs lumières, deviendraient, par leur exagération, des embarras intérieurs. Mon objet principal, pour ne pas dire unique, c'est d'établir entre votre pays et le mien une solidarité d'intérêts que je crois nécessaire à la paix du monde. » (*Marques générales d'assentiment.*)

Les améliorations que je viens d'indiquer sont faciles ; il suffirait aux pouvoirs publics de le vouloir avec quelque fermeté pour que ce fussent bientôt des faits accomplis. Mais ce qui importerait davantage pour l'affermissement et la consolidation de la paix de l'Europe, et ce qui ne sera pas aussi aisé, c'est le rapprochement politique des différents États dont l'Europe se compose.

Des documents célèbres ont récemment préconisé le système des grandes agglomérations, de préférence à l'isolement absolu des États, qui est le régime d'aujourd'hui. A plusieurs points de vue, ce système est conforme aux tendances les plus avancées de la civilisation moderne. La rapidité des moyens de communication, en amoindrissant ou en supprimant les distances, permettrait de réunir sous la même loi et les mêmes chefs des espaces beaucoup plus grands. On met moins de temps aujourd'hui pour aller de Madrid ou de Lisbonne à Berlin, ou même à Moscou et à Saint-Pétersbourg, qu'il n'en fallait du temps de Périclès ou d'Epaminondas pour traverser de part en part la Grèce, avec les misérables moyens que l'on possédait, et je ne parle pas du télégraphe, qu'on ne prévoyait pas alors et qui procure aux modernes des facilités merveilleuses.

Mais si l'Europe devait se réduire à un petit nombre de grandes agglomérations, il faudrait, pour en venir là, une guerre épouvantable; ce serait une étrange préparation à la paix. (*Sourires approbatifs.*) Le système des grandes agglomérations, si on l'entend d'une manière absolue, a les caractères les plus fâcheux de l'injustice et de l'oppression. Il existe en Europe plusieurs peuples qui, petits par le territoire ou par la population, bornés même dans certains cas à une seule ville, sont très-respectables par leur génie particulier, par leur activité féconde et par leurs vertus (*Approbations*). Pour eux, la nationalité est un bien des plus précieux, dont on ne saurait les dépouiller sans iniquité, sans commettre une de ces violations du droit qui troublent la conscience des particuliers et qui font reculer la morale privée non moins que la morale publique (*Applaudissements*).

Faisons des vœux pour la conservation de ces

nationalités, exiguës par le territoire ou la population, mais grandes par les services déjà rendus et par ceux qu'on a lieu d'en attendre encore. Au nom de la liberté de l'esprit humain, dans l'intérêt de ce que la civilisation a de plus sacré, demandons-en le maintien. Rappelons-nous que, sous le despotisme de Richelieu et de Louis XIV, la Hollande, par exemple, fut le refuge de plus d'un philosophe proscrit ou menacé, et que les puritains maltraités ou poursuivis en Angleterre y trouvèrent un asile où ils préparèrent leur entreprise sur le Nouveau-Monde, qui a eu tant de conséquences. N'oublions pas que les imprimeries de Leyde, d'Amsterdam, de Kehl, de Genève, ont servi à la publication d'ouvrages importants qui, en France, sous l'œil de la police, et avec la législation draconienne qui existait contre la libre expression de la pensée, n'auraient jamais pu voir le jour *(Très-bien ! Très-bien !)*.

L'Amérique du Nord offre à l'Europe l'exemple à suivre pour concilier la formation d'une grande agglomération d'hommes et de territoires avec le respect de la souveraineté individuelle de chacun des États. Le modèle est saisissant par le nombre des États confédérés et par la diversité extrême qu'on remarque dans l'étendue des ressources, qui sont propres à chacun d'eux, en population et en richesse.

A côté de l'État de New-York, qui a une superficie de 13 millions d'hectares, c'est-à-dire plus de vingt fois la moyenne d'un département français, on observe celui dit de l'île de Rhodes (*Rhode-Island*), qui en fait moins de 300,000, c'est-à-dire qui est inférieur à la moitié d'un département moyen[1]. Sur le flanc de l'État de Pennsylvanie, qui est à peu près l'égal de celui de New-York, on rencontre l'État de Delaware, qui a 550,000 hectares, moins d'un département, et qui ne compte guère que la population d'un de nos arrondissements. La Californie est, à un quart près, aussi spacieuse que la France, et le Texas nous surpasse de 7 millions d'hectares.

Et pourtant le New-York, dont la capitale seule fait sept fois la population du Rhode-Island, n'a pas l'idée de conquérir celui-ci. La Pennsylvanie n'a jamais songé à s'annexer son petit voisin le Delaware. L'Ohio, l'Indiana et l'Illinois, États limitrophes qui ont des frontières aussi peu conformes que possible à la théorie des frontières naturelles, puisque ce sont des lignes mathématiquement droites, tracées selon les cercles de longitude et de latitude, n'ont jamais manifesté le dessein de les redresser. L'Alabama, le Mississipi et la Louisiane, l'Iowa, le Missouri et l'Arkansas, qui sont dans le même cas de limites contre nature,

---

[1] La moyenne des départements est de 610,000 hectares.

ne s'en préoccupent pas davantage (*Sourires*).

Les États qui se sont associés pour former les États-Unis étaient distincts les uns des autres avant de lever l'étendard de l'indépendance, et ils restèrent presque autant séparés, une fois l'indépendance conquise. Il y avait entre eux des contrastes et des rivalités qu'il eût été facile à des ambitieux d'envenimer. Mais à la voix de grands patriotes tels que les Washington, les Franklin, les Jefferson, les Adams et d'autres encore, après être resté quelques années dans une situation de malaise les uns vis-à-vis des autres, ils eurent l'heureuse inspiration de garantir de collisions redoutables la souveraineté de chacun, en créant une souveraineté collective, qui parmi ses attributions exclusives compte le droit de déclarer et de faire la guerre.

La coexistence de ces deux souverainetés, admirablement organisée par la Convention d'hommes supérieurs et d'excellents citoyens qui se réunit en 1787, et qui a tracé la Constitution actuelle des États-Unis, cette coexistence a été leur palladium. Elle a rendu pendant soixante dix années la guerre impossible entre eux. Dans leurs relations mutuelles elle a dompté l'esprit de conquête. Elle eût fondé chez eux la paix perpétuelle sans un élément qui préexistait et qui devait, chez un peuple constitué sur le principe de la liberté, déterminer un jour une grande crise, l'esclavage. Mais de 1789 à 1861, la Constitution des États-Unis a procuré à ces peuples le bienfait d'une paix profonde. Ils ont pu se passer d'institutions militaires. Ils ont pu se contenter d'une armée qui, dans l'état actuel de l'Europe, ne serait pas regardée comme une garnison suffisante pour une seule de nos places fortes de premier ordre, car elle n'était que de 6,000 hommes. (*Très-bien! Très-bien!*)

Les sommes énormes que les peuples de l'Europe employaient à entretenir des armées, les Américains du nord ont pu les consacrer à des améliorations pacifiques, dans les genres les plus divers, et au développement de leur prospérité. Tandis qu'en Europe le génie humain et le talent des hommes d'État et des citoyens les plus distingués servaient très-souvent et de préférence à des manœuvres de rivalité et d'hostilité des États les uns contre les autres, en Amérique ils étaient consacrés à gouverner libéralement le pays, à éclairer les habitants, à exploiter à leur profit un continent jusqu'alors resté vierge. En 1789, quand la Constitution actuelle des États-Unis fut mise en vigueur, la population du pays était moins du sixième de celle de la France. La richesse n'était pas le vingtième de la nôtre. En 1861, quand éclata la guerre de la sécession, la population des États-Unis était, à 6 millions près, celle de l'Empire français ; leur richesse collective n'était pas au dessous de celle de la France, si elle n'y était supérieure. En 1789, la ville de New-York avait 25,000 habitants ; aujourd'hui, avec ses annexes, elle va à 1 million et demi. Hors de la France et de l'Angleterre, il n'y a pas une ville semblable dans toute l'étendue de la civilisation occidentale.

Cette république de quarante Etats souverains se déploie maintenant sur une surface de 8 millions et demi de kilomètre carrés ou 850 millions d'hectares ; c'est à peu près celle de toute l'Europe jusqu'à l'Oural, et au-delà de deux fois l'Europe occidentale, comprenant la France, l'Angleterre, l'Espagne et le Portugal, la Suisse, l'Italie, l'Autriche la Prusse, les autres Etats germaniques, la Hollande, la Belgique et les régions habitées des Etats scandinaves. Avant la fin du siècle, il faut s'attendre à voir ce territoire gigantesque peuplé et animé de plus de 100 millions d'âmes, et si les choses continuent du même pas, quand on aurait atteint le milieu du vingtième siècle, c'est-à-dire dans quatre-vingts ans d'ici, intervalle de temps médiocre dans la vie des nations, la population des États-Unis surpasserait celle de l'Europe. Voilà ce qu'il est donnée à la paix de produire lorsqu'elle s'appuie sur ces deux fondements solides: la liberté politique et l'industrie. (*Vifs applaudissements.*)

Jusqu'à quel point l'Europe pourra-t-elle s'approprier une organisation qui ressemble à celle des États-Unis ? Jusqu'à quel degré serait-il possible d'organiser, parmi les peuples de ce côté-ci de l'océan Atlantique, quelque chose d'analogue à ce que les Anglo-Saxons ont établi sur le rivage occidental de ce magnifique bassin ? Je ne prendrai pas sur moi de répondre à une telle question ; le tenter serait bien au delà de mes forces. Il me sera permis cependant de vous dire ce qui est chez moi une conviction profonde, qu'à moins d'une organisation qui offre des traits empruntés à celle des États-Unis, sans cependant aller aussi loin dans la voi de l'unification, notre Europe, fondatrice de la civilisation moderne, s'en verra enlever la palme et subira une humiliante et funeste déchéance. Dé-vastée par l'égoïsme et l'orgueil des différents membres qui la composent, épuisée par ses efforts contre elle-même, elle sera, dans l'espace d'un très-petit nombre de générations, réduite à bien peu de chose en comparaison de l'Union américaine du Nord.

La condition du progrès et du salut, ne serait-ce donc pas d'avoir un congrès européen permanent comme celui qui siége à Washington, électif pareillement, et délibérant de même en public ? Ce serait, je le reconnais, bien difficile à établir. Des préjugés et des intérêts s'y opposent, mais nous sommes en un temps où les choses difficiles se font quand l'aiguillon de la nécessité y excite les hommes, parce que l'initiative humaine et la volonté des peuples ont acquis une puissance qu'elles n'avaient jamais eue.

Puisse l'Europe se recueillir et se résoudre à écarter, par l'essor qu'au moyen d'institutions appropriées elle donnerait au sentiment de concorde et d'union, par les sacrifices d'amour-propre qu'y feraient les souverains comme les peuples, une chute qui autrement serait inévitable !

C'est surtout à l'Europe occidentale que je songe en ce moment. Le vaste empire situé à l'orient de l'Europe, et s'étendant de là, à travers toute l'Asie septentrionale, jusqu'au détroit de Behring, où il est en vue du continent américain, l'empire russe, pour l'appeler par son nom, semble destiné à former indéfiniment une unité par lui-même. Mais l'Europe occidentale, si elle ne répudie ses divisions et ses jalousies, semblables à celles dont les républiques de la Grèce antique s'obstinèrent a donner le spectacle, ne pourra éviter le même sort que celles-ci. Les mêmes causes amèneront les mêmes effets.

Quand on demande à un homme des États-Unis de quelle nation il est, la réponse est invariablement : *Je suis Américain !* En Europe, nous avons à faire un progrès du même genre. Nous resterons les uns Français, les autres Anglais, ceux-ci Prus-

siens, Allemands, Autrichiens, Hollandais, Italiens,
Scandinaves, Espagnols, Portugais, Belges, Suisses,
Anséates, etc., etc. ; mais nous nous déclare-
rons, avec le même empressement et la même cor-
dialité, Européens. Nous manifesterons le sentiment que Cicéron exprimait avec plus d'étendue
encore, quand il disait qu'il avait deux patries :
Rome et l'univers. Nous ne désapprendrons pas
pour cela à aimer la France, nous n'en serons pas
moins ses enfants dévoués. Notre association avec
le reste de l'Europe serait une autre façon d'aimer
notre pays, et, à tout prendre, la plus conforme aux
besoins de sa grandeur, de son influence et de sa
prospérité. *(Bravos et applaudissements répétés.)*

M. LE PRÉSIDENT. Conformément à l'ordre du jour
de cette réunion, je donne la parole à M. Frédéric
Passy, secrétaire général, pour son rapport annuel
sur la situation matérielle et morale de notre
œuvre.

M. FRÉDÉRIC PASSY, *secrétaire général*, présente
le rapport suivant:

MESDAMES, MESSIEURS,

Indulgence oblige. Vous avez bien voulu, l'année
dernière, contrairement à tous les usages en
matière de comptes-rendus annuels, accueillir

favorablement un rapport verbal : c'est encore un rapport verbal que je vous demande la permission de vous présenter aujourd'hui. Mon excuse est dans la force majeure.

Au milieu des soucis, des tracas, des fatigues, qui accompagnent nécessairement la préparation d'une assemblée comme celle-ci, avec les courriers qui s'accroissent à mesure que diminue le temps pour les dépouiller (voici le paquet de la dernière heure), il ne serait pas seulement difficile, il serait impossible, de rédiger à loisir, avec l'exactitude et le soin indispensables, un travail digne d'être lu à une assemblée comme celle qui me fait l'honneur de m'écouter. Tout ce que l'on peut faire, c'est de rassembler tant bien que mal les faits principaux de l'année qui s'est écoulée, de dégager de la masse les documents vraiment importants, et de prendre ensuite, permettez-moi cette expression vulgaire, comme on peut *dans le tas*. Nous devons compte des détails, — et nous essayons de rendre ce compte au fur et à mesure, — au Comité directeur de notre Ligue. A l'assemblée générale nous ne pouvons présenter qu'un résumé ; et l'essentiel est que ce résumé, dans ses traits essentiels, donne une idée fidèle du travail et du résultat de l'année dans son ensemble (*Approbation*).

Le premier trait, c'est que nous ne sommes pas

riches. Voici, en effet, la substance du compte de
notre trésorier.

Il restait, l'année dernière, au 8 juin, jour de
notre première assemblée générale, un
solde de . . . . 2,852 fr. 90
(en partie absorbé, je l'ai dit alors,
par des dépenses non acquittées encore
à cette date du 8 juin).

Il a été reçu, depuis : de membres
fondateurs, anciens ou nouveaux . . . 4,817 25

De sociétaires et d'adhérents. . . . 1,804 45

Ce chiffre montre, et je le constate en
passant, qu'une très-grande partie, la
majeure partie des cotisations dues par
les sociétaires, n'est pas encore versée
à l'heure qu'il est. Nous appelons
sur ce retard leur attention et la vôtre;
nous répétons, à l'adresse des retar-
dataires — souvent embarrassés, nous
le savons, pour faire parvenir de
petites sommes, — que la poste leur
offre à cet égard des facilités dont
nos trésoriers les engagent à profiter.

Les dons volontaires sans désigna-
tion déterminée se sont élevés à. . . 1,958 »

Les souscriptions pour un but spécial, un concours, dont j'aurai à
reparler, ont été de 1,717 50

La vente des brochures de la Ligue a fourni net 199   30

Et les billets d'entrée à une séance antérieure donnée par les amis de la paix 200   »

Soit un total en recettes de . . . . 13,579 fr. 40

Voilà la face de la médaille.

Voici le revers.

Nous avons dépensé en impressions, circulaires, envois et publicité de tout genre . . . . 6,128 fr. 30

En frais de séances et de sténographie 792   »

Pour le secrétariat, les ports de lettres, les voyages, le loyer et les frais divers, courses, etc. 4,318   55

Ce qui fait un ensemble de dépenses de . . . . 11,238 fr. 85

Nous nous trouvons par conséquent aujourd'hui en face d'un excédant en caisse de . . . . 2,340 fr. 55 un peu moins que l'an dernier.

Nous ne devons pas vous laisser ignorer que, comme l'an dernier à pareille époque, cet excédant est très-certainement absorbé par les sommes dues à l'heure où nous nous trouvons; il sera insuffisant si nous faisons entrer en ligne de compte les frais non réglés encore de cette séance. Par contre, et comme je l'indiquais tout-à-l'heure, il importe de tenir note des cotisations arriérées, des listes de souscriptions en circulation et sur plusieurs desquelles nous savons de science certaine qu'il y a des inscriptions importantes, du résultat de cette séance enfin. Tout cela nous donne à recouvrer une somme que je ne me hasarde pas à préciser, mais qui doit, très-certainement, atteindre un chiffre plus qu'équivalent. Nous nous retrouvons donc, comme ressources disponibles et assurées, au même point ou à peu près que l'année dernière, je veux dire vis-à-vis de *zéro*. C'est quelque chose, je le disais en 1868, que de solder son budget sans découvert, sinon sans excédant ; et il y a de plus grands que nous qui n'en peuvent dire autant : mais ce n'est pas assez.

Je ne m'en cache donc pas, si j'étais devant une assemblée d'actionnaires, je dirais carrément et sans hésiter : « Nos affaires vont mal. » *(Sourires dans l'auditoire.)* Mais vous n'êtes pas des actionnaires, j'entends des actionnaires unis pour gagner de l'argent ; et je vous dis également sans hésiter : Nos affaires vont bien.

Nos affaires vont bien, d'abord, parce que ce n'est pas rien, dans un pays comme le nôtre, dans un pays qui a des qualités et même, j'aime à le proclamer, toutes sortes de vertus, mais qui n'a pas beaucoup encore, il faut bien le reconnaître, la vertu de l'initiative privée et surtout l'art de grouper les initiatives ; dans un pays auquel il manque encore, d'ailleurs, disons-le à sa décharge, beaucoup des instruments et des moyens d'action individuelle et collective qui ont permis de si grandes choses dans d'autres pays : ce n'est pas rien, dis-je, dans un tel pays, et sans faire appel à aucune passion, sans s'atteler à aucune coterie, sans se traîner à la remorque d'aucun parti, en écartant au contraire, en écartant ouvertement et résolument et de son programme et de sa conduite tout ce qui a l'habitude de passionner les hommes en les soulevant les uns contre les autres ; ce n'est pas rien, encore une fois, dans un tel pays, avec si peu de bruit, et dans le court espace de deux années à peine, que d'avoir récolté une somme de 18,000 à 20,000 francs (*Marques d'assentiment*).

Il y a eu, il y a un peu plus d'un quart de siècle, dans un pays voisin, une grande association, une grande Ligue dont tout le monde connaît au moins le nom, dont tout le monde parle, *la Ligue anglaise pour l'abolition des lois sur les grains.* Or savez-vous comment commença cette œuvre longtemps ignorée en France, et qui a changé la face de l'Angleterre ; qui changera un jour la face de l'Europe et du monde ; et qui restera comme l'exemple et le modèle de tous ceux qui, sans bouleversements et sans désordres, voudront faire disparaître le mal et triompher le bien? Savez-vous quel fut, — dans ce pays où tout semblait mûr pour l'action publique, où la presse était libre, où la parole était libre, où la tribune était partout, et où l'on était habitué à se servir de toutes ces armes de la publicité ; — le premier versement, le premier fonds souscrit pour cette association qui allait être si puissante ? Mille livres sterling (25,000 francs), pas une livre de plus (*Mouvement*). Le septième était de cent mille livres, 12,500,000 francs (*Nouveau mouvement*). Lorsque la ligue anglaise fut en face de ce septième versement, elle n'eut pas besoin de s'en servir ; elle n'eut qu'à le montrer. Elle leva la main et elle dit : « Voilà ce que nous possédons ; voilà les moyens d'action dont nous disposons. Et maintenant voici ce que nous désirons, ce que nous réclamons, ce que nous voulons ; ce que l'opinion publique, et par la vivacité de son action et par l'étendue de son concours pécuniaire, montre clairement qu'elle veut avec nous. Faut-il continuer la lutte et dépenser notre argent et nos forces, ou faut-il les garder pour autre chose ? » Et à l'instant même la lutte désormais reconnue impossible fut abandonnée. Et ce que les promoteurs de la ligue réclamaient en vain depuis six ans fut proclamé par la bouche de leurs adversaires eux-mêmes. Et le gouvernement, et avec lui la nation tout entière, s'inclina devant le verdict de l'opinion. (*Très-bien! Très-bien! Vive approbation.*) Nous ne savons, Messieurs, s'il nous sera donné de nous trouver quelque jour en face d'un fonds de 12,500,000 francs (*sourires*); nous en doutons bien un peu (*nouveaux sourires.*) Mais ce dont nous ne nous doutons pas, c'est qu'il ne serait pas besoin d'atteindre à un chiffre aussi haut pour faire triompher, dans la mesure du possible, dans cette mesure si bien indiquée tout-à-l'heure dans le substantiel et éloquent discours que nous avons tous applaudi, nos espérances et nos prétentions légitimes. Nous n'en demandons pas tant, croyez-le, pour vous garantir la réalisation de vos vœux, qui sont les nôtres (*Assentiment*).

Je dis encore, Messieurs, nos affaires vont bien, parce que l'argent n'est pas tout, il s'en faut bien.

De l'argent, il en faut assurément ; car c'est en argent que se traduisent toutes ces correspondances, toutes ces impressions, tous ces déplacements, tous ces moyens matériels en un mot qui sont comme le corps de la pensée et sans lesquels on ne peut rien. Mais les mêmes moyens, suivant les circonstances, font plus ou moins de profit. Et si avec peu de ressources matérielles on obtient un grand résultat moral; si avec de modestes débuts on a avancé; si chaque jour, et chaque jour davantage, on peut se dire qu'on a gagné quelque chose, et plus vite qu'on n'avait osé l'espérer peut-être; alors, sans nul doute, on peut regretter de n'être pas plus riche, parce qu'on aurait fait bien davantage: mais on peut s'applaudir aussi d'avoir, avec ce peu qu'on possède, réussi à faire ce que l'on a fait. (*Approbation.*)

Or, Messieurs, si nous voulons constater le progrès de notre œuvre, nous n'avons pas à chercher bien loin; il nous suffit de jeter les yeux autour de nous. L'an dernier, lorsque pour la première fois nous nous sommes réunis ici, certes c'était une belle, une admirable séance; cependant nous pouvons bien le dire sans rougir, — ce n'est pas à nous que cela fait tort — la salle était trop grande. Elle n'a été que suffisante à une seconde réunion cet hiver. Aujourd'hui elle est trop petite; et nous sommes bien obligés de donner raison à notre collègue et ami M. Arlès-Dufour qui nous écrivait, il y a quelques jours (que M. Herz le lui pardonne) : «N'allez pas dans cette bonbonnière, vous y étoufferez. Prenez le plus grand des grands cirques de Paris, et il ne sera pas trop vaste.» (*Très-bien, très-bien, bravo. C'est vrai.*)

Il y a un an, il y a deux ans surtout, que nous

disait-on de toutes parts? On nous disait: «Pourquoi parler? Pourquoi vous donner tant de peine? A quoi cela peut-il servir; *vous êtes tout seuls?* Croyez-vous par hasard que ce sont vos quelques voix qui arrêteront l'entraînement universel? » Et que nous dit-on aujourd'hui ? On nous dit bien encore : « Pourquoi parler? pourquoi vous donner tant de peine? A quoi bon? » Mais la raison, cette fois, c'est que « *tout le monde est de notre avis* ». Vous croyez peut-être, ajoute-t-on, que si la guerre recule vous y êtes pour quelque chose? Eh mon Dieu! si la guerre ne se fait pas, c'est tout simplement parce qu'elle ne peut plus se faire, parce que personne n'en veut. Croyez-nous, reposez-vous : les choses iront toutes seules, sans le mal que vous vous donnez pour les faire aller comme il faut. *(Sourires approbatifs.)*

Telle est, Messieurs, la différence en deux ans ; non, en dix-huit mois: car il y a à peine dix-huit mois, nous pouvons le dire hardiment, que nous avons commencé à exister réellement pour d'autres que pour le petit groupe d'hommes de bien qui les premiers s'étaient réunis et s'étaient juré les uns aux autres de ne pas s'abandonner avant d'avoir su si la conscience publique, en matière de meurtre et de ruine, était morte ou vivante. *(Bravo.)* Nous étions quelques voix à peine, quelques voix pour la plupart faibles et obscures; et voici que nous sommes maintenant les voix les plus puissantes,

les plus éloquentes, les plus respectées: et celles
que vous avez entendues ici l'année dernière, et celle
qui est venue soutenir la mienne ici encore le 10 février, et celle que vous venez d'applaudir tout-à-
l'heure, et celle que vous allez applaudir et à laquelle je n'oublie pas qu'il me faut laisser le temps
de se faire entendre autant qu'elle le voudra et
autant que vous le désirez. (*Très-bien, très-bien,
applaudissements unanimes.*) Nous sommes tout
le monde, oui, cela est vrai; et nous aurions bien le
droit de nous appliquer cette parole que prononçait
il n'y a pas bien longtemps, dans une enceinte plus
vaste, l'un des maîtres de la littérature et de
l'éloquence contemporaines, M. Saint-Marc-Girar-
din (il venait de faire l'apothéose des arts de la
paix et de la paix): « On commence, disait-il, par
être 2, 5, 10; puis on est 100; puis on est 1000; puis
un beau jour il se trouve que l'on est tout le monde. »
(*Très-bien, c'est cela.*)

Et comment devient-on tout le monde ? Tout
simplement en ayant des idées justes, vraies, et en
y tenant ; en ayant une conviction, c'est-à-dire la
résolution ferme de ne se laisser abattre ni par la
contradiction, ni par l'insuccès apparent, ni par
l'injure, ni par la raillerie. En allant droit devant
soi, toujours tout droit, et jusqu'au bout; jusqu'à ce
qu'on soit tombé à la peine, ou jusqu'à ce qu'il soit
reconnu par tout le monde que l'on avait raison

contre tout le monde. *(Énergique approbation).*

Mais encore, me direz-vous, faut-il à la vérité, à la conviction, des moyens pratiques, matériels, pour se faire jour. Quels sont ceux que vous avez pu employer pour obtenir ces progrès rapides et incontestables dont vous vous félicitez à bon droit ? Nos moyens, Messieurs, oh ! ils ont été, en vérité, comme notre budget, bien peu de chose, à ne les prendre qu'en eux-mêmes ! Et cependant, si peu qu'ils soient, je dois vous en rendre compte ; car ils attestent nos efforts dans le cours de cette année. Car ils démontrent, précisément par leur exiguité et leur faiblesse, ce que peut la bonne volonté sincère. Car ils mettent dans tout son jour la puissance latente de la justice et du bon sens. Car ils font prendre sur le fait en quelque sorte ce que j'appellerai la vitesse acquise de la vérité, cette force qui s'ajoute incessamment à elle-même, comme toutes les forces continues ; et, après avoir paru impuissante dans sa source contre le roc immobile de l'erreur, en vient bientôt à chasser l'erreur comme la paille devant la tempête, dès que cette erreur a commencé à reculer devant la vérité qui la presse et la pousse. *(Très-bien, très-bien.)*

Il y a un an, à cette séance si belle que se rappellent avec émotion tous ceux qui y ont assisté,

que faisions-nous, à vrai dire, sinon notre début,
en quelque sorte? Et c'est pourquoi tout-à-l'heure je
disais trop en faisant remonter notre action à dix-
huit mois: elle ne date guère que d'un an. Quel fut
l'éclat de ce début ! Avec quelle force, avec quelle
animation et quelle éloquence notre cause fut
soutenue ici ! Ceux qui y étaient s'en souviennent;
et ceux qui n'y étaient pas doivent regretter amèrement de ne s'y être pas trouvés. — Mais enfin,
sauf cette belle séance, qu'avions-nous fait encore ?
Nous avions lancé quelques circulaires; nous avions
recueilli dans un cercle restreint quelques pauvres
mille francs ; nous avions fait des efforts, jusqu'a-
lors infructueux, pour élever la parole en public ;
nous avions, mais en vain, cherché à grouper nos
adhérents autour de nous pendant cette fête de l'exposition qui a été la glorification du travail, et
qui aurait dû, pour être complète, être la glorification de la paix aussi bien que du travail. *(Très-bien,
très-bien, de toutes parts.)*

Voilà ce que nous avions fait ou plutôt ce que nous
avions tenté.

Ajoutez une œuvre bien modeste, encore à l'état
d'essai, et dont quelques spécimens seulement ve-
naient d'être confiés au faible courant d'une publicité restreinte: l'œuvre de la *Bibliothèque de la Paix,*
que j'annonçais alors plutôt que je n'en rendais
compte. J'en puis rendre compte aujourd'hui ; car

elle est sortie de la période des essais. Les premières publications ont porté leurs fruits, et derrière les premières en sont venues et en viennent d'autres. Les premières, je n'ai pas à vous les faire connaître ; je l'ai fait l'année dernière en annonçant leur naissance, et la plupart de vous les ont eues entre les mains. Mais j'ai à faire connaître les dernières, et j'ai, à propos de toutes, à dire quelle a été leur fortune ; ce qu'ont produit ces petits volumes dont tout d'abord on était tenté de rire : « Est-ce avec ces armes, nous disait-on, que vous croyez faire reculer, si peu que ce soit, les armes plussérieuses de la guerre? » Voici les faits :

La première livraison de la bibliothèque, *les Guerrescontemporaines*, a fait un assez joli chemin. Nous attendons la *troisième* édition, et c'est ce qui nous met dans l'impossibilité de satisfaire depuis quelques jours aux demandes qui nous en sont faites. Elle a été traduite en anglais, d'abord par fragments ; puis tout entière, et réimprimée à part : elle a été, soit en entier, soit partiellement, publiée à peu près dans tous les pays que l'on considère comme civilisés : presque tous les journaux, de toutes les langues, et bon nombre d'écrivains, d'orateurs et d'hommes d'État, en ont emprunté les chiffres. On peut dire hardiment, en un mot, que c'est à elle que l'on doit de connaître enfin ce la-

mentable total, mis pour la première fois dans tout
son jour, des œuvres de la guerre en quatorze années : 1,800,000 morts et 50 milliards de dépenses
ou peu s'en faut.

Ces chiffres, auxquels on a commencé par haus-
ser les épaules, sont devenus désormais incontestables et ne sont plus contestés. *(Mouvement.)*

Permettez-moi d'ajouter, — ce n'est que justice,
— que ce n'est pas tout ce que nous devons au
jeune et laborieux écrivain qui nous avait fourni
cette première livraison, M. Paul Leroy-Beaulieu.
Encouragé peut-être, dans une certaine mesure au
moins, par le succès de cette étude partielle, M.
Leroy-Beaulieu n'a pas tardé à en donner d'autres
sur d'autres parties du même sujet; et il vient, tout
récemment, de publier sur *les Guerres contemporaines* dans leur ensemble, un volume de recherches
historiques, économiques et statistiques qui est
réellement un traité complet de la matière. Or voulez-vous savoir quelle est la conclusion de ce travail?
C'est qu'il n'y a pas une des guerres de ces dernières années, — pas une, entendez-vous, — « qui
n'eût pu être, non-seulement honorablement, mais
avantageusement évitée. » Je dis pas une ; et je
n'excepte pas, je devrais noter surtout peut-être, la
guerre terrrible qui a si affreusement éprouvé cette
Amérique du Nord dont on nous parlait tout à
l'heure, qui l'aurait littéralement accablée si l'A-

mérique n'avait eu depuis longtemps le privilége de garder ses forces pendant que d'autres les dépensaient en armements soi-disant de paix. *(Très-bien, très-bien.)*

Oui, cette guerre-là, comme tant d'autres, nous devons, quels qu'en aient été les résultats, la déplorer amèrement.

Car il ne faut pas, dans nos sympathies pour l'émancipation de 4 millions d'esclaves, aller jusqu'à oublier la mort de près d'un million de blancs. Il ne faut pas oublier, surtout, qu'il eût, avec un peu de modération et de sagesse des deux parts, été facile de faire à l'amiable, moyennant un sacrifice de 4 milliards, ce qui a coûté aux États-Unis seuls (sans parler de ce qui a rejailli sur l'Europe et sur le monde), plus de huit fois autant. *(Vif mouvement d'approbation.)*

La modération et la sagesse sont rares encore, nous le savons, et il ne faut pas être trop sévères pour ceux qui en manquent; mais il faut les apprendre, et c'est à les apprendreque peuvent servir de telles leçons. *(Nouvelle approbation.)*

Comment on peut assurer la défense nationale en diminuant l'armée, le second en date de nos petits volumes, n'a pas fait moins bien son chemin que son aîné : de celui-là aussi la 3e édition est sous presse. Et remarquez ici, je vous prie, ces effets et

ces répercussions inattendues souvent des bonnes
choses. Il y a quelques semaines à peine, — c'était
en mai dernier, et la discussion, je crois, n'est pas
terminée encore, — on discutait dans le parlement
belge une loi militaire. Un des membres les plus
distingués de cette assemblée, — membre également de notre comité, — M. Couvreur, exposait, à
cette occasion, un plan tendant à remplacer l'a-
veugle tirage au sort par un examen à la suite duquel seraient laissés dans leurs foyers, comme suffisamment préparés à remplir le devoir suprême de
défendre le pays, les hommes qui auraient fait leurs
preuves d'aptitude, de capacité et d'instruction militaires : les ignorants seuls, n'étant pas à la hauteur de ce devoir, et n'y étant pas probablement
parce qu'ils ne se seraient pas donné la peine de s'y
mettre, seraient envoyés, avec une juste indemnité
et pour le temps nécessaire seulement, sous les drapeaux. Comment notre collègue défendit ce système, vous pouvez le supposer d'après la réponse
que lui fit le ministre de la guerre , le général
Renard. L'honorable général, tout en faisant encore
des réserves à notre avis excessives, déclara que
les idées de M. Couvreur étaient celles « qui se rap-
prochaient le plus des siennes, » et qu'il était loin
de les repousser; de même qu'il ne repousserait jamais, dit-il en propres termes, aucune idée favorable « *à une bonne organisation de l'armée.*» Voilà

donc qui est entendu, on peut, de l'avis d'un ministre de la guerre, fonder la défense nationale sur autre chose que sur l'encasernement universel de la jeunesse et la désolation générale des familles (*Très-bien, très-bien.*) [1]

Je remerciais, ainsi que c'était mon devoir, notre honorable collègue de ce qu'il avait fait pour notre cause dans son pays. Savez-vous ce qu'il me répondit ? « Ce n'est pas vous qui m'êtes redevables ; c'est moi qui le suis envers vous. Cette idée, que vous me savez gré d'avoir exposée, je l'ai prise dans un des petits volumes que vous m'avez envoyés : je ne sais plus même trop dans lequel, ajoutait-il : car ils ont passé de mes mains dans d'autres. Et voilà, ajoutait-il encore, ce qui prouve l'utilité de ces publications. Ce sont des germes que vous semez; ils lèvent où et quand ils peuvent; et lorsqu'ils ont levé ils renvoient leurs graines à leur tour. Et qui sait, par exemple, si quelque jour l'idée que j'ai reçue de France et que je réussirai peut-être, pour une partie au moins, à faire pénétrer dans la législation de mon pays par quelque amendement; qui sait si cette idée ne vous reviendra pas, plus tôt ou plus tard, par dessus la frontière, fortifiée et consacrée par un commencement de pratique, pour être de nouveau chez vous discutée et éprou-

---

[1] V. ci-après entre autres documents ce discours et celui du colonel Fourchault aux francs-tireurs d'Alger.

vée jusqu'à ce qu'elle soit devenue la loi définitive du peuple qui a le privilége de faire autorité en matière militaire. » (*Approbation répétée.*)

Ainsi, Messieurs, va le monde, et ainsi se fait le progrès qui est le besoin du monde. Une oasis surgit dans le désert et y répand la vie là où il n'y avait de place que pour la mort. D'où vient-elle ? De quelques graines détachées par le vent d'une tige lointaine ou apportées par un voyageur qui n'a fait que passer. Une grande idée frappe une intelligence puissante, un homme de dévouement se lève tout à coup et devient pour un pays, pour une époque, une lumière et une bénédiction. Qui a mis devant les yeux de cet homme cette vérité qu'il ne soupçonnait pas ; qui a allumé dans son âme ce feu de la charité qui désormais la remplira tout entière? Un livre, un mot, un exemple, qui n'avaient rien dit à d'autres et qui à lui ont tout dit. Et voilà un homme transformé, et par cet homme un pays, une époque, l'humanité entière. (*Bravos*).

Ah! Messieurs, il y a des gens qui ne comprennent pas ces choses, il y a des gens, — des gens qui se disent *pratiques*, mais dont la vue est courte et l'ambition étroite, — auxquels il est absolument nécessaire, avant d'agir et de parler, de savoir aujourd'hui ce qui arrivera aujourd'hui ou demain de ce qu'ils font ou de ce qu'ils disent. Il leur faut, à ces gens-là, le jour où ils mettent un grain ou une plante en terre,

oir se développer le feuillage et être assurés de
oûter les fruits. Il leur faut tout au moins, pour ne
as se croire dupes et regretter leurs peines, recueil-
ir avant l'ombrage qu'ils préparent à leurs arrière-
neveux les remercîments et les bénédictions de
eurs contemporains. D'autres ont l'ambition plus
haute et voient plus loin, heureusement, par delà
es difficultés, les dégoûts et l'apparente stérilité
du moment. Ils songent à tout ce qui a levé en dehors de la sphère visible de la main qui l'avait semé.
Ils savent de quelles sources d'abord inconnues sont
sortis les plus grands fleuves qui ont alimenté et
fécondé la civilisation. Et ils se disent : « si ce n'est
pas ici, ce sera là-bas ; si ce n'est pas aujourd'hui,
ce sera demain; si ce n'est pas de notre vivant, ce
sera après nous : mais un jour viendra, un jour
quelconque, ne fût-ce que ce dernier jour des éter-
nelles moissons, où la vérité et la justice feront leurs
comptes, et où l'on saura d'où sont venues les
bonnes graines et combien ont été sages ceux qui
n'ont pas craint de les semer à pleines mains.
(*Longue et vive approbation.*)

J'ai annoncé l'an dernier *la Guerre et les Épidémies,* notre troisième brochure, et je n'en veux
rien redire ; car l'heure s'écoule et vous êtes
pressés d'entendre une autre voix. Je mentionnerai
seulement, sur ce même sujet, une communication

que je recevais, il y a peu de jours, de Berlin, d'un ami inconnu de notre cause dans cette grande ville. C'est tout simplement la traduction d'un article de la *Gazette d'Augsbourg*, qui n'est autre chose lui-même que le résumé du travail de la commission autrichienne de statistique pour l'année 1866. Or, du travail de cette commission, et des cartes coloriées qui en mettent littéralement sous les yeux les conclusions, savez-vous ce qu'il résulte ? C'est que toutes les contrées voisines du théâtre de la guerre, tous les points du territoire qui ont servi de station aux troupes, ou qui seulement leur ont donné passage, ont été décimés par le typhus: on peut, avec ces seules cartes,— et sans autres indices que la direction et le plus ou moins d'épaisseur des teintes choisies pour désigner l'état morbide des populations, — se rendre un compte exact non-seulement de la marche des corps de troupes, mais de leurs séjours et de la durée de ces séjours. La conséquence est aisée à tirer. On disait du temps de nos pères : « Luxe va devant ; après lui vient rapine, sa nourrice. » Il faut dire, désormais (il aurait fallu le dire dans tous les temps, mais on avait des yeux pour ne pas voir): « La guerre va devant ; après elle viennent la peste et la famine, ses filles » *(Très-bien, très-bien.)*

Les trois volumes que je viens de rappeler

avaient pu être, quoique bien récents, présentés à la première assemblée. Le quatrième, *Guerre à la guerre*, n'avait pu que lui être annoncé; le manuscrit, il y a un an, ne nous était que promis : il n'a pas tardé à rattraper ses devanciers. Véritable arsenal de citations, il a, de toutes parts, été mis à contribution, comme on pouvait s'y attendre; parfois même longuement reproduit.

Nous devons, à cet égard, une gratitude particulière à la *Société industrielle de Reims*, dont l'honorable président est ici (il est arrivé exprès tout à l'heure, comme il avait fait déjà l'année dernière, pour assister à notre séance). Cette société avait la première cru devoir insérer *in extenso* dans son *Bulletin* la première des conférences essayées contre la guerre; elle a voulu également reproduire en entier la préface de ce quatrième volume, et je l'en remercierais davantage, si j'étais plus désintéressé dans la question. Toujours est-il que ce titre : *Guerre à la guerre*, est devenu aujourd'hui comme un mot d'ordre et un cri de ralliement, et que d'un bord à l'autre de l'Océan nous le voyons répété non sans efficacité.

Quant au volume intitulé : *Première assemblée générale*, dans lequel, grâce à une habile et exacte sténographie, revit tout entière la chaleureuse parole des orateurs que nous avons entendus l'an passé, que vous en dirais-je ? Vous connaissez ces discours; si quelques-uns d'entre vous ne les connaissent pas encore , qu'ils se hâtent de se donner cette satisfaction.

Je dirai seulement, à ce propos, combien nous regrettons tous que notre ami Henry Richard, qui l'année dernière impressionna si vivement l'assistance, en nous donnant un merveilleux échantillon de l'éloquence anglaise, n'ait pu venir, comme il l'aurait désiré lui aussi, prendre part de nouveau à notre réunion. Mais M. Richard a été, dans l'intervalle, appelé à siéger au Parlement de son pays. Il a dû cet honneur, en grande partie au moins, à ses longs travaux comme secrétaire de la Société de la Paix de Londres, à la notoriété qu'il a méritée par ces travaux ; et son élection, comme beaucoup d'autres de ce côté de l'eau, a été avant tout une protestation en faveur de la paix. Nous nous en réjouissons doublement à ce titre, bien qu'elle nous prive d'un précieux auxiliaire en ce moment.

Nous tenons a le dire, du reste, quelque nombreux que nous soyons, nous avons à déplorer bien des absences involontaires, et la plupart des lettres que j'ai là ont pour objet d'exprimer des regrets de ce genre. Nous avons dû, à cause d'un genre exceptionnel d'agitation qui ne nous permettait pas, il y a peu de jours encore, de songer à occuper l'attention publique d'autre chose (*sourires*), ajourner à une époque relativement tardive et mauvaise le moment de cette assemblée, et beaucoup sont absents qui devraient être ici. Je citerai notamment nos amis Visschers, Pease, E. Burritt, Arlès Dufour, et une foule d'autres. Je citerai les professeurs de tous degrés, de tous pays, retenus comme les membres des chambres par leurs fonctions. Il n'est pas douteux que si nous nous réunissions (comme nous le ferons sans doute), à une autre saison, celle des vacances par exemple, nous aurions une assemblée non-seulement infiniment plus nombreuse, mais infiniment plus internationale surtout, encore bien que celle-ci le soit déjà à un très-haut degré. Nous y aviserons.

Pour ce qui est de M. Richard, retenu, comme je viens de le dire, par ses nouveaux devoirs, s'il n'a pas dépendu de lui d'être présent matériellement parmi nous, il n'a pas voulu du moins être absent moralement. Disons mieux, l'honorable société dont il est le secrétaire, et qui nous l'avait envoyé l'année dernière avec tant de bonne grâce, a tenu à être encore représentée parmi nous cette année.

En 1868, M. Richard, à peine de retour, nous transmettait au nom de ses collègues une souscription considérable: 50 livres sterling, 1,250 fr. Il y a peu de jours, après de nombreuses demandes de brochures, nous avons reçu d'eux, — pour une destination spéciale dont je parlerai tout-à-l'heure, si le temps me le permet, — une nouvelle souscription de 25 livres sterling. C'est ainsi, Messieurs, que les riches et les puissants, ceux qui ont derrière eux des ressources et des années, se font un point d'honneur d'aider les jeunes et les pauvres. Nous ne serons pas ingrats. Nous ne vous disons pas que nous leur rendrons leur argent ; non, mais nous ferons mieux. Nous ferons, quand nous le pourrons, ce que Franklin conseillait aux gens qu'il obligeait ; nous le rendrons à d'autres qui auront besoin de pareille aide. (*Bravos.*)

Voici une autre publication, *La Guerre s'en va*, qui a fait un grand effet sur les personnes compétentes, et dont le titre n'a pas en vain alléché le lecteur curieux. Dans ce volume, quelques-uns de vous le savent, un homme compétent, un ancien ingénieur en chef qui a vu la guerre et qui l'a faite, prétend établir qu'avec les progrès industriels et scientifiques que ne cesse de faire la fabrication des engins de destruction, la guerre devient de plus en plus difficile, pour ne pas dire impossible: tellement difficile que les hommes, dit il, ne pourront bientôt plus s'aborder. Et le fait est que, lorsqu'on entend déclarer par l'homme qui doit être le mieux au courant de ce genre de progrès dans notre pays, par le ministre de la guerre parlant au Corps législatif, « qu'on ne conçoit pas comment, dans un rayon d'un kilomètre, il pourrait rester un seul homme debout » ; lorsqu'on lit, comme dans le *Petit Moniteur* du 5 de ce mois, que l'administration tient en réserve une arme qui lancera aisément 5,000 balles par minute à la distance de 2,000 mètres ; et quand à la suite de cette nouvelle tout à fait engageante vient ce commentaire assez significatif :

« Malheur à l'avenir à ceux qui attaqueront ; » il est assez difficile de ne pas penser un peu, avec l'auteur de l'article et avec l'auteur de la brochure, que la guerre est réellement en train de s'en aller.

Je dois le dire, cependant (car mon devoir est d'être impartial, et je ne voudrais pas vous laisser croire qu'il n'y a plus qu'à la laisser s'en aller), tout le monde n'est pas de cet avis. Des amis sérieux de notre cause, un capitaine du génie fédéral suisse entre autres, estiment que cette puissance d'extermination, cette précision de tir notamment que l'on poursuit et que l'on croit toujours avoir atteinte, pourrait bien ne pas se trouver, à l'épreuve, ce qu'on croit. A leur avis, le perfectionnement et par conséquent la complication et la délicatesse des pièces exigent, à part bien d'autres considérations, des soins qui ne peuvent guère se prendre en campagne; et l'on éprouvera, quand on viendra à s'en servir un peu sérieu-

sement, d'étranges déceptions. « Ce qu'il y a de
moins chimérique, dit en propres termes le capitaine J. J. Moschell, dans la précision du tir à la
guerre, ce sont les millions dépensés à sa poursuite. » (*Sourires.*)

Je ne suis pas du métier, je n'ai donc garde de me
prononcer. Mais je ne puis m'empêcher d'avouer que
je me sens fortement tenté de dire comme ce juge
que vous savez, en présence de deux plaideurs
également pourvus d'arguments : « Ils ont, ma foi,
tous deux raison ! » (*Nouveaux sourires*).

Oui, ils ont tous deux raison; car, quel que
puisse être jamais, au jour de la lutte suprême, le
désenchantement réservé à ceux qui ont mis leurs
espérances dans la supériorité de leur ferraille de
précision, il est incontestable que cette ferraille
fera, lorsqu'on la déchaînera, beaucoup de mal. Il
n'est pas moins incontestable, comme le dit le sage
et savant représentant d'une armée modèle que je
viens de nommer, et comme le disait il y a vingt
ans en plein Paris M. Cobden, que cette émulation
de ferraille perfectionnée nous fait, dès aujour-
d'hui et tous les jours, à nous tous, contri-
buables de tous les pays de l'Europe, infiniment
de mal. En attendant que nous fassions, pour
la plus grande gloire de l'art, les frais de l'expérience, nous commençons par faire les frais des
préparatifs. (*Très-bien ! Très-bien !*) Et voilà pour-

quoi, disait M. Cobden, il importe tant d'enseigner à tous ce petit problème d'arithmétique: que la force relative des diverses nations ne change pas, quand on augmente ou quand on dimimue dans la même proportion leurs armements respectifs. Ce qui change, c'est leur bien-être et le poids des poches de tout le monde. (*Nouveaux et vifs applaudissements.*)

C'est un peu cela, Messieurs, et même beaucoup, que vous trouverez dans notre septième livraison : *Les Maux de la Guerre et les Bienfaits de la Paix*, reproduction d'une séance à laquelle un grand nombre d'entre vous ont assisté, attirés par l'attrait de cette parole toujours sympathique et fine qui ne l'a jamais été davantage, la parole de M. E. Laboulaye. (*Approbation.*)

Plus d'une fois, avant ce jour (je le disais tout-à-l'heure), nous avions essayé de nous présenter devant le public pour lui parler librement de ces grands intérêts, les plus grands dont il soit possible de lui parler. Nous n'avions pu le faire. Pourquoi? je ne l'ai jamais trop bien compris, et je ne vois aucune utilité à le rechercher. C'est du passé, n'en parlons plus.

Cette fois nous l'avons pu, et nous l'avons pu grâce à cette loi sur les réunions publiques à laquelle on reproche tant de choses tristes, débitées en effet au grand jour sous son couvert. Est-ce la loi qui a fait le mal; ou n'a-t-elle fait que le manifester au dehors comme la gourme qui est moins dangereuse quand elle sort? Toujours est-il que la loi ne confère pas de privilége aux sottises ; et que les bonnes choses peuvent, elles aussi, grâce à elle, être mises en face de tous, et par conséquent disputer l'opinion aux mauvaises. C'est toujours l'histoire de la langue d'Esope, ou de cette lance d'Achille qui pouvait seule, disait-on, guérir les blessures qu'elle avait faites. Nous avons essayé; nous avons réuni sept signatures, et sept bonnes; nous avons convoqué le public, et le public est venu : il a même payé pour venir. Et cette salle s'est trouvée pleine; et elle a entendu et applaudi la charmante satire de la guerre qui est sortie de la bouche de M. Laboulaye ; et aussi, permettez-moi de vous en remercier, ce que vous avez bien voulu écouter ensuite de la bouche d'un autre. Notre 7e volume reproduit ces choses. Il contient de plus une conférence faite à Metz, vers la même époque, par l'un de nos plus dévoués et de nos meilleurs auxiliaires, M. B. Faivre, sur cette grande idée: « *Le respect.* » Le respect mutuel, le respect d'homme à homme, et le respect de peuple à peuple. Le respect fondé sur le droit qui est égal chez tous et pour tous; et le respect fondé aussi sur l'intérêt qui est le même pour tous encore, sur le besoin réciproque qu'ont les uns des autres les peuples aussi bien que les hommes, et sur les services qu'ils se rendent et qu'ils ne peuvent pas ne pas se rendre quand ils ne violent pas à l'envi la justice. Cette idée-là, Messieurs, c'est une idée relativement nouvelle ; mais c'est une idée qui fait rapidement son chemin. Elle gagne jusqu'à ceux qui étaient autrefois par leur position et par leurs habitudes le plus exposés à la méconnaître; et l'accueil fait à Metz, dans une ville toute militaire, aux paroles de M. Faivre, en est un nouvel et significatif témoignage. Ce n'est pas, je pense, manquer de respect aux militaires, c'est au contraire rendre un légitime et sincère hommage à ceux qui savent comprendre la vraie dignité de leur profession, que de constater que c'est chez eux peut-être, — je dis chez les meilleurs et les plus instruits d'entre eux, — que ce grand et généreux sentiment de la valeur et de l'estime d'autrui, du *respect mutuel* en d'autres termes, grandit et se développe le plus. On peut dire que le vrai courage, le vrai dévouement, qui sont l'essence et l'honneur du métier des armes bien compris, répugnent à tout mépris, à toute haine, à toute insulte. Et c'est un fait que chez tous les peuples, aujourd'hui, les hommes qui ont le plus hautement fait leurs preuves de courage non-seulement sont les premiers, après la lutte, à répudier toute pensée amère, tout souvenir désobligeant à l'égard de ceux qu'ils ont pu se trouver dans la nécessité de combattre, mais se montrent même empressés à leur rendre loyalement justice et à leur tendre fraternellement la main. Ce sont les officiers du port de Toulon, lors de la visite du grand-duc Constantin, cherchant à détourner son attention des canons pris à Sébastopol; et le grand-duc leur disant, avec un fin et mélancolique sourire : « nous en avons autant chez nous ». C'est le colonel North, à Oxford, à propos de trophées du même genre et de la même provenance, protestant, au nom de la marine et de l'armée, contre ces exhibitions irritantes, et déclarant que « ces choses-là » ne sont bonnes à étaler nulle part. Ce sont les officiers prussiens envoyant de Sarrelouis par le télégraphe un toast à leurs camarades de Metz, le 4 décembre dernier, et ceux-ci leur répondant de leur table de Sainte-Barbe qu'ils boivent cordialement à leur santé. Le temps ne me permet pas d'énumérer tous ces faits. Je constate le mouvement tout au moins. Et je dis que M. Faivre a raison: il se forme une école nouvelle; la grande école du respect, c'est-à-dire de la justice Et j'ajoute que quand on en est là, la guerre n'est plus seulement une barbarie et une ruine; elle devient une ineptie, une impiété, un fratricide sans excuse. (*Vive approbation.*)

Pourquoi faut-il, au moment même où je fais ces réflexions, que nous ayons à déplorer devant vous la perte de l'homme excellent dont la belle conférence me les inspire ? Notre ami M. Faivre est mort, il y a peu de semaines, à Metz, entouré à ses derniers moments de ce respect qu'il était si digne de faire comprendre aux autres; et préoccupé jusqu'à la fin des idées qu'il a servies toute sa vie et par toute sa vie. Nous ne recevrons plus ni ses encouragements ni ses exemples; mais il n'aura pas pour cela disparu de parmi nous. Comme bien d'autres de nos devanciers, dont nous ne faisons en ce moment même que répéter les paroles, j'aime à penser qu'il n'est pas absent de cette solennité ; et c'est sa propre voix peut-être qui, en ce moment même, passe par mes faibles lèvres pour arriver jusqu'à vos esprits et à vos cœurs. (*Marques générales d'assentiment.*)

La dernière de nos publications, enfin, qui ne sera pas la denière, c'est *L'Evangile de Paix*, du R. P. Ch. Perraud, de l'Oratoire. Nous avions, Messieurs, vous le savez, déclaré hautement, dès le début de notre entreprise, que nous faisions appel à tout le monde, à tout le monde absolument, sans exception et sans acception de personnes, de nationalité, de partis, ou de religion. Nous croyons être en droit de dire que nous ne nous sommes pas écartés de ce programme, pas plus que nous ne nous en écarterons. Mais nous pouvons bien dire aussi, sans manquer à cette impartialité qui est notre loi, qu'il y avait à ce qu'il nous semblait certaines catégories de personnes de qui nous pouvions attendre un concours spécial ; ce sont celles qui, par leur position, par leur caractère et par leur profession, se trouvent plus spécialement engagées à avoir constamment devant les yeux et à remettre devant les yeux de leurs semblables les devoirs de la fraternité humaine. Nous savions, d'ailleurs, qu'elles n'avaient pas attendu notre appel pour prêcher la paix entre les nations comme entre les hommes, et que plus d'une fois, avant la nôtre, leur voix s'était élevée dans ce sens. Nous avions dans nos archives un livre excellent, dans lequel est hautement arboré dès 1864 le drapeau de *la guerre à la guerre* (le mot y est); c'est l'œuvre et, comme il le dit, le testament d'amour d'un bon curé de campagne, l'abbé Garaude [1]. Nous connaissions, comme tout le monde, les belles méditations sur *la Paix,* de notre éminent collègue le R. P. Gratry ; et tout ce qu'il a redit depuis avec plus de force encore peut-être dans son *Commentaire sur l'Évangile de St Mathieu.* Nous savions qu'en 1849 la présidence honoraire d'un congrès de la paix, à Paris, avait été acceptée par l'archevêque d'alors, à la demande du Président M. Victor Hugo et du bureau tout en-

---

[1] Cinquante exemplaires de ce livre viennent d'être mis par l'auteur à la disposition de la Ligue de la Paix; nous lui en témoignons toute notre gratitude.

tier; et nous n'avions pas oublié qu'à ce même congrès un prêtre généreux, qui se retrouve aujour-
d'hui avec nous sur cette estrade, M. l'abbé de
Guerry, assis, comme M. le pasteur Coquerel, à l'une
des places d'honneur, s'écriait, aux applaudissements de l'assemblée: « Ah! je l'espère, nous verrons
« bientôt notre idée assise sur un trône resplen-
« dissant.   Les arcs de triomphe seront remplacés
« par les palais de l'industrie et du commerce. Les
« plus grands seront ceux qui auront le plus d'a-
« mour pour l'humanité. » (*Applaudissements.*)

Nous savions cela, et que la même bouche, après
avoir éloquemment flétri tous les vieux souvenirs
de haine, de rancune et d'hostilité; après avoir
protesté, au nom de la religion même, contre tous
les attentats dont la religion a été le prétexte, avait
fait entendre à tous cet appel qui souleva l'assemblée : « N'oublions pas que le but du christianisme
c'est l'humanité... Lisez l'Evangile, et vous trouverez la condamnation de la guerre. » (*Bravo.*) Nous
savions tout cela, Messieurs; et cependant, faut-il le
dire? nous n'avons pas toujours trouvé dès l'abord
(c'était notre faute, apparemment) ce concours
que nous avions espéré et qui, je crois pouvoir le
dire, nous était dû. Nous avons reçu assurément, et
en grand nombre, de bonnes paroles et même des
encouragements partant de haut. Tel prélat nous
a bien envoyé, contre la guerre et ses fanatiques,

contre ces gens qui « jouent aux hommes comme
on joue aux boules », des pages qui comptent parmi les plus fortes que nous ayons jamais lues. Et tel
prince de l'Eglise, déclarant que ce « cri de paix qui
sort des entrailles de l'humanité entière est l'honneur de la civilisation » n'a pas craint d'ajouter que
« le clergé, dont la mission est toute de charité, *serait le premier* à prendre part aux élans de la lutte. »
L'élan ne venait pas aussi vite que nous l'eussions
désiré, et nous rencontrions souvent à sa place l'incertitude, la défiance, la critique, parfois même
l'hostilité avouée et les moqueries ou les insinuations
amères. En face de ces résistances, la plupart de
ceux même dont les sentiments nous étaient le
moins suspects n'osaient, ils nous l'avouaient,
s'enrôler ouvertement sous la bannière de notre
modeste croisade.

Il fallait un signal, et ce signal le R. P. Perraud
l'a donné. Soyons plus justes, il l'avait déjà donné
une fois, et même avant nous ; car c'est notre devoir de rechercher pieusement ce qui a été fait en
dehors de notre influence ou avant nos premiers
efforts. C'était il y a plus de deux ans, dans la cathédrale d'une grande ville, à Orléans, où il avait été
appelé à prêcher le carême. On ne parlait pas encore alors du Luxembourg; mais on parlait beaucoup
déjà de l'exagération des armements. Et le prédicateur, comparant ces abus du fer destructeur à ce

règne béni du fer producteur si merveilleusement prédit par le prophète, s'écriait, dans un langage où vibrait toute son âme : « Ah ! Pourquoi nous tous », serviteurs de l'humanité et de Dieu son Père commun, « ne pousserions-nous pas ensemble une fois encore ce cri de paix » qui au moyen âge eut la force de faire reculer la barbarie des puissants en leur arrachant la *Trêve de Dieu* ? « Et pourquoi », si ce cri était poussé en effet résolument et avec ensemble, « ne serait-il pas entendu ? » (*Approbation. Bravos.*)

Ce cri trop peu entendu cette première fois, le P. Perraud a voulu le pousser de nouveau ; et cette fois c'est à Paris qu'il a élevé la voix. Et il a dit contre ce qu'il a appelé *la superstition religieuse de la guerre*, et contre la nonchalance, contre l'indifférence, contre la « lâcheté » de ceux qui croient qu'ils peuvent être réellement fidèles à l'esprit de l'Evangile et regarder paisiblement couler tout ce qui coule, or ou sang, tout ce qu'ont entendu les personnes qui avaient eu la bonne inspiration d'entrer ce jour là à St-Roch, ce que vous trouverez ou ce que vous avez trouvé déjà dans cette huitième livraison, si bien nommée *l'Evangile de Paix*. (*De toutes parts: Très-bien, très-bien*).

Messieurs, le R. P. Hyacinthe, en ce moment assis à mes côtés, et dont tout-à-l'heure nous entendrons

l'émouvante parole, le P. Hyacinthe a été accusé —
il ne me démentira pas — de pencher quelque peu
peut-être, à une certaine époque peu éloignée, vers
cette superstition religieuse de la guerre. Je ne
l'ignore pas, car je suis de ceux qui se sont permis,
à cette époque, de réclamer contre ce qui avait
paru ressortir de ces paroles. Mais je savais, en
même temps, ou pour mieux dire, nous savions
tous qu'avant ces paroles évidemment mal com-
prises le P. Hyacinthe en avait prononcé d'autres
dont le sens ne pouvait être douteux. Nous savions
que c'était lui qui avait dit : « Viennent *les conscrits*
« *du travail;* j'en voudrais beaucoup de cette sorte,
« et beaucoup moins de l'autre. »

Nous savions que c'était lui qui avait dit : « Le
« temps vient où l'armée ne sera plus que la
« gardienne puissante de la paix et de l'ordre. »
Nous savions que c'était lui qui avait dit, en montrant dans le Champ-de-Mars « les drapeaux des
nations entrelacés » par l'industrie : « Et lorsque le
vent de la guerre s'est levé, leurs plis étaient unis,
et ils ne voulaient plus se séparer. » (*Mouvement
et marques d'approbation.*)

Nous savions que c'était lui, enfin, qui à Malines,
s'adressant aux auditeurs de tout pays et de toute
condition rassemblés, par un congrès, dans cette
métropole de la Belgique, avait solennellement
proclamé devant eux *le devoir*, « *l'impérieux devoir*

de se liguer entre eux, ET AVEC LES CHRÉTIENS DE TOUTES LES ÉGLISES, ET AVEC LES HOMMES DE BIEN DE TOUTES LES OPINIONS, *pour tenter un suprême effort en faveur de la pauvre humanité souffrante.* » (*Nouvelle et plus vive approbation.*) — Et sachant tout cela et rendant, par conséquent, au P. Hyacinthe toute la justice que ses amis eux-mêmes ne lui rendaient peut-être pas assez, nous avons été hardiment frapper à sa porte, comme des gens qui avaient entendu son appel et qui s'en souvenaient. Et, malgré sa fatigue, alors trop visible, malgré ses occupations sans nombre, et ses obligations accrues par une longue absence, il nous a répondu comme il l'a fait, ou plutôt comme il va le faire tout-à-l'heure. (*Vives acclamations.*) C'est ainsi, Messieurs, qu'après ces voix puissantes du grand-rabbin Isidor, et du pasteur Martin Paschoud, assis tous deux, cette année encore, à cette table avec nous ; après ces voix qui retentissent encore aux oreilles de ceux qui ont assisté à la séance de l'année dernière, vous aurez le bonheur d'entendre cette autre grande voix qui, non moins que les leurs, saura faire merveille contre les « horribles merveilles » que vous savez (*très-bien, très-bien*).

A une époque qui n'est pas loin de nous encore, aux premiers temps de cette ligue pour la libre entrée des grains, à laquelle j'ai fait allusion tout-à-l'heure, sept cents ministres des différentes communions qui se partagent l'Angleterre se réunirent un jour à Manchester; ils s'étaient donné rendez-vous, comme le disait éloquemment M. A. Fonteyraud, « au sommet du christianisme, sur le terrain neutre de la charité. » Et là, unis par la charité en effet, et mettant de côté pour un moment, sous l'influence de la charité, tout ce qui pouvait les diviser ailleurs, ils se trouvèrent unanimes pour déclarer que les restrictions apportées par les lois de leur pays au libre exercice du travail et à la libre circulation des dons du créateur étaient un outrage à la justice humaine et à la justice divine. Et en conséquence tous, au nom du Dieu de justice et de vérité, ils prononcèrent l'anathème contre ces restrictions impies. Plût à Dieu, je ne puis m'empêcher de le dire, que de l'autre côté de l'Océan, en face de cette suprême impiété de l'esclavage, le même exemple eût été donné ! Qui sait ce qu'il aurait épargné de larmes et de sang, dont il sera demandé compte à ceux qui avaient charge d'arrêter la violence dans sa source, en tarissant l'iniquité?

C'est ce grand exemple, Dieu soit loué, que nous renouvelons; c'est ce commun anathème que, tous tant que nous sommes, et ici et au dehors, « gens de cœur de toutes les églises, et de toutes les opinions, » nous avons à prononcer et nous prononcerons en effet, jusqu'à ce qu'il soit entendu, contre une autre forme de l'esprit d'erreur et de haine, contre le meurtre, l'oppression et la servitude en grand qui s'appelle la GUERRE. (*Acclamations.*) Nous le prononcerons, cet anathême, au nom du Ciel, et nous le prononcerons au nom de la terre ; nous prouverons que la guerre est maudite par la religion, qu'elle est réprouvée par la morale, qu'elle est condamnée par la science et désavouée par la politique digne de ce nom.

Nous prouverons que le vol, comme on l'a si bien dit, est toujours le vol et que de plus il ne fait plus ses frais; que la colère, pour les peuples comme pour les individus, est mauvaise conseillère; et que lorsqu'un peuple aveugle lève le bras pour en frapper un autre, c'est sur lui le premier que retombent les coups. Il faut que l'envie et la méchanceté s'y résignent: il n'est plus permis de faire le mal impunément. Le monde, dans son ensemble, est un réseau vivant; et nulle part il n'est possible d'ouvrir une veine à l'humanité, sans que le corps entier s'en ressente. (*Assentiment.*)

Vous allez me dire, Messieurs, que cela n'a plus besoin d'être prouvé, que ce sont des vérités incontestables, palpables, admises par tout ce qui pense et par tout ce qui sent. Oui, admises par les sages et par les gens de sens rassis : c'est quelque chose, c'est beaucoup, ce n'est pas assez. Il faut qu'elles deviennent banales, vulgaires ; il faut qu'elles entrent, pour ainsi parler, dans la substance de nos fibres : il faut faire, s'il est possible, ce *Catéchisme de la paix* dont on signalait avec émotion, l'année dernière, l'absence en effet peu compréhensible.

Il faut qu'il y ait en fait, à la disposition de tous, comme un manuel accessible à tous, pénétrant partout, éclairant toutes les intelligences et tous les cœurs, et mettant jusqu'aux plus simples à même de comprendre, de sentir et de dire ce que c'est que la guerre, et ce que serait la paix. C'est pour répondre, dans une certaine mesure au moins, à ce besoin, que nous avons cru devoir, sur l'initiative d'un de nos plus zélés collègues, M. Peugeot,—venu de loin tout exprès aujourd'hui, lui aussi,— mettre au concours un ouvrage populaire, sur le CRIME DE LA GUERRE. Nous n'avons pas hésité, en présence de ressources qui pouvaient paraître insuffisantes — vous l'avez vu — à engager notre signature et à promettre pour 1870 un prix de cinq mille francs à l'auteur qui remplira notre attente. Notre signature, nous devons le dire, n'est pas encore suffisamment couverte ; soit qu'on n'ait pas assez connu ce programme et ce concours, soit qu'on n'ait pas bien compris que la souscription restait ouverte jusqu'au dernier jour , et qu'il importait non-seulement que la somme promise fût faite, mais qu'elle fût bien des fois dépassée. Il n'est pas douteux en effet, et je puis dire que j'en suis person.

nellement certain, que beaucoup de concurrents ne soient à l'œuvre, dans les deux hémisphères, pour répondre à notre programme ; et il serait profondément regrettable que les récompenses et la propagande ne pussent se proportionner au nombre et au mérite des ouvrages présentés.

C'est pour ce concours, dont ils ont, eux, bien compris l'importance, que nos amis de Londres nous ont envoyé ces jours derniers cette somme de 627 francs 50 centimes que j'ai mentionnée. Nous leur en savons infiniment de gré ; mais nos amis de Paris et de France ne doivent pas, qu'ils me permettent de le leur dire, se trop effacer derrière nos amis de l'autre côté de la Manche ; nous ne poussons pas jusqu'à ce point, nous l'avouons, la largeur de notre cosmopolitisme et l'uniformité de nos sentiments fraternels. *(Sourires approbatifs.)*

Notre titre, il est vrai, nous a nui auprès de quelques-uns. Appeler la guerre un *crime*, cela s'était-il jamais vu, en effet ? Nous l'avons défendu, et nous le défendons encore ; ce n'est pas bien difficile en réalité.

On nous dit : « mais c'est de l'aveuglement, du fanatisme! Mais vous voulez donc vous mettre à dos à plaisir tout ce qui a jamais porté une épée! Mais vous ne voyez donc pas que vous allez désarmer l'humanité, et livrer le monde aux entreprises de la force ! En vérité cela n'est pas sérieux. » Ce qui n'est pas sérieux, Messieurs, permettez-moi de le dire, c'est cette façon d'argumenter.

Non, nous ne condamnons pas, faut-il le redire une millième fois? l'homme ou le peuple qui résiste à la violence ; mais nous condamnons sans hésiter celui qui prend l'initiative de la violence. Nous avons le plus grand respect, je dirai mieux, la plus sympathique admiration pour les quakers, ces hommes de la douceur absolue qui ont fait par la douceur ce que les plus forts n'ont pu faire par la force : mais nous n'avons pas la prétention d'être des quakers ; nous ne portons pas jusque là la vertu de patience. Encore les quakers savent-ils bien dire à l'occasion à celui qui les menace : « Je ne lèverai pas le poing sur toi ; mais prends garde de te heurter à mon poing. » *(On rit.)* Si l'on attaque notre maison, nous la défendons ; et tant pis pour qui nous met dans la nécessité de la défendre. De même pour la patrie, qui est notre maison commune. Résister à l'injustice et à l'oppression, c'est un devoir ; et c'est précisément parce que la défense est légitime et sacrée que l'attaque est maudite et doit être hautement maudite.

Et puis, jusque dans la plus impérieuse défense elle-même, est-ce que le sang versé n'est pas toujours du sang ? Ne laisse-t-il pas toujours sa tâche sur la main qui l'a versé ? Et si cette tâche ne peut être le remords, ne doit-elle pas être au moins un regret et une tristesse ? Quand des balles, comme cela vient d'avoir lieu dans une collision récente, atteignent des femmes et des enfants (et comment ne pas voir qu'elles en atteignent toujours ?) c'est en vain que ceux qui ont frappé n'ont fait qu'obéir au devoir, la pitié universelle se soulève; et eux-mêmes, soyez-en sûrs, ne sont pas les moins douloureusement émus. Pour moi, je l'avoue, si j'avais eu, même sous la pression de la plus impérieuse nécessité, le malheur de frapper mon semblable, je ne m'en consolerais jamais. *(Mouvement.)*

Non, nous ne sommes pas injustes pour la profession militaire, et nous n'insultons pas aux hommes qui remplissent avec honneur cette profession. Nous admirons le vrai courage ; mais nous aimons qu'on le garde pour les bonnes occasions, et nous pensons que le rôle et l'honneur de la force c'est de protéger la faiblesse, non de l'accabler, de maintenir la paix, par conséquent, et non de la troubler. Nous croyons que le vrai militaire, comme le vrai magistrat, comme le vrai médecin, comme le vrai philanthrope, doit remplir son office sans sourciller quand son office est nécessaire, mais qu'il ne doit rien avoir tant à cœur que de devenir, et, si cela dépend de lui, de se rendre inutile, par l'élimination du mal qu'il est chargé de combattre. Nous croyons que l'on se trompe, enfin, et gravement, quand on fait du mépris de la mort l'idéal de la profession militaire; et quand, dans cette pensée, on répète qu'il est bon (cela dût-il coûter quelque chose à l'humanité) de conserver des traditions qui maintiennent en honneur ce mépris et cette facilité du sacrifice. Ce qui est beau, c'est le dévouement; et il n'est beau qu'à la condition d'être réellement utile, et aussi d'être compris. Ce qui est beau, ce n'est pas de mépriser la mort; car mépriser la mort, c'est mépriser la vie : c'est de la donner, quand il le faut, sachant ce qu'elle vaut. Il y a quelque chose de plus beau et de plus grand que de mépriser la vie; c'est de la respecter et de l'employer parce qu'on la respecte. C'est là l'idée supérieure qu'il faut faire pénétrer partout et sans laquelle le courage militaire lui-même n'est plus qu'une niaise fanfaronnade ou une insouciance coupable. Et pour ceux qui ont cette idée, pour ceux qui, dans le rude exercice de la carrière militaire, aiment avant tout ceci qu'ils sentent qu'ils sont des hommes et qu'ils servent les hommes ; oh! ceux-là peuvent être tranquilles. Il y aura toujours dans l'industrie et dans la science, — sans parler de ce qu'il faudra malheureusement réserver longtemps encore pour la stricte défense, — de quoi employer ces grandes et viriles facultés qui ont besoin, en effet, d'être employées : le travail est une lutte aussi, et ce n'est pas la moins difficile, la moins féconde et la moins vraiment glorieuse. La civilisation, dit-on, s'avance le fer à la main. Oui, mais le fer, selon les lieux et les âges, change de forme et d'emploi. Le fer de nos jours, disait naguère, dans une distribution de prix, un délégué du ministre de l'instruction publique, « *ne s'appelle plus la guerre, il s'appelle l'industrie.* » [1] *(Applaudissements.)*

Je vous recommande donc, Messieurs, et avec toute l'insistance possible, votre concours, et en général toutes les formes de souscription et de propagande utiles à notre cause.

Une voix. Faites une quête !

M. Frédéric Passy. A la fin de la séance, il sera fait un appel spécial à vos bonnes dispositions. *(Assentiment.)*

Voilà, Messieurs, ce que nous avons fait dans le cours de l'année qui vient de s'écouler. Non, ce n'est pas tout ce que nous avons fait, il s'en faut bien. Nous savions qu'il y a deux puissances aujourd'hui prépondérantes : la presse et la parole. Nous avons essayé de la première par des communications, aussi fréquentes qu'il a dépendu de nous, aux journaux ; et spécialement par des comptes-rendus

---

[1] M. l'inspecteur général Toussenel à la section de l'Association polytechnique de Vincennes.

périodiques, des *bulletins* de la Ligue, dans l'un d'eux. Ce n'est pas tout ce qu'il eût été désirable de faire ; mais il n'a pas dépendu de nous de faire plus et mieux : et telle qu'elle a été, cette partie de notre tâche n'est pas restée sans influence.

Sous une forme ou sous une autre ces communications seront continuées et nous tâcherons, comme nous l'ont demandé un grand nombre de nos sociétaires et de nos amis, d'arriver à nous mettre, par des envois directs, en rapports plus fréquents et plus suivis avec eux [1].

Nous avons essayé de la parole par l'assemblée générale de 1868 et par d'autres. Nous avons eu à Lyon, et dans quelques autres villes de France, des amis connus et inconnus de notre œuvre qui ont élevé à diverses reprises la voix en faveur de la paix. Je citerai entre autres M. Millaud, membre

---

[1] On nous a souvent demandé la réunion, en livraisons de notre *Bibliothèque*, de ces *Bulletins* qui s'égarent ou restent ignorés de la majeure partie des intéressés. Nous ferons en sorte de déférer à ce vœu, de même que nous nous occupons de la publication de nos listes, depuis longtemps réclamées et promises, et qui ne peuvent manquer de nous attirer de nouvelles recrues.

Nous prions ceux qui s'étonnent que tout ne soit pas fait aussitôt que désiré de vouloir bien tenir compte de l'insuffisance de notre organisation primitive, due pour une part à notre inexpérience assurément, mais due aussi pour beaucoup à l'insuffisance des ressources. Plus assurés de l'avenir, et mieux servis par nos conventions avec l'excellente librairie qui s'est chargée de notre bibliothèque, nous ferons mieux désormais.

du barreau de Lyon, auteur d'une savante étude sur l'organisation de l'armée. J'ai eu moi-même l'honneur d'être appelé, de divers côtés, comme représentant de vos idées, à prendre la parole pour elles.

Près de nos frontières, en Alsace, à Metz, à Reims, j'avais été formellement invité à le faire ; je ne l'ai pu alors, et j'ai dû me borner à parler du travail et de la paix sociale ; n'est-ce pas toujours la même cause ? Au delà des frontières, à Genève, j'ai été plus heureux, et j'ai trouvé toute prête à m'entendre cette intelligente population suisse, à laquelle il peut sembler d'abord étrange, puisqu'elle a le bonheur d'habiter un pays neutre, qu'on vienne parler de guerre, mais qui sait bien qu'il ne lui est pas indifférent d'avoir ou de ne pas avoir à côté d'elle des amas de matières explosibles et inflammables *(Très-bien)*. Sous l'influence de ces sentiments, et grâce à l'active initiative d'hommes de bien, accoutumés de longue date à se concerter et à agir, il a été recueilli à Genève un grand nombre d'adhésions à notre œuvre ; et il y a été formé un comité en correspondance régulière avec le nôtre. Deux représentants de ce comité, son président, M. Pictet de Sergy, ancien conseiller d'État, assis à côté de notre président, et M. le grand rabbin Wertheimer, assis à côté de son collègue de Paris, ont fait exprès le voyage pour assister à cette assemblée ; nous leur en témoignons ici toute notre gratitude et nous les prions d'en reporter l'expression à leurs collègues (*très-bien, très-bien*).

Il nous a été donné, de même, de faire entendre de nouveau la parole de la paix en Belgique, où nous l'avions fait entendre déjà l'an passé, et sur un plus grand nombre de points cette fois. Là aussi nous avons laissé des correspondants actifs, de véritables amis qui reproduisent nos appels dans leurs journaux, qui distribuent nos publications, qui les traduisent en flamand — ce matin même je recevais de Malines une nouvelle de ce genre ; — qui font, eux aussi, de la propagande directe, avec cette entière liberté d'action dont ils ont l'habitude; et entre les mains desquels circulent à l'heure qu'il est des listes de souscriptions qui nous reviendront bientôt couvertes de noms (*très-bien*).

Enfin, de diverses villes de France, il nous a été, depuis une couple de mois, adressé des appels auxquels nous n'avons pu répondre encore; nous le ferons plus tard. Et dans l'une d'elles, dans celle que l'on appelle la seconde, à Lyon, le jour précisément où j'entendais avec quelques-uns de nos amis mon éloquent voisin s'écrier, du haut de la chaire de la cathédrale, que « la conscience moderne répudie les violences de la guerre, et que l'avenir n'est pas à la haine, mais à l'amour »; ce même jour, assisté des mêmes collègues, et grâce à l'initiative de notre généreux et énergique ami M. Arlès-Dufour, j'avais moi-même l'honneur de glorifier publiquement la paix après avoir la veille glorifié le travail. Et le lendemain, pas plus tard, à la suite d'un banquet en l'honneur de ces deux grandes causes, nous voyions se former un comité lyonnais de la paix qui, séance tenante, débutait par 800 francs de souscriptions à comprendre parmi celles qui ne sont pas encore entre les mains de notre trésorier (*Mouvement d'approbation.*)

Ce ne sont là, encore une fois, que quelques-unes des choses qu'il nous a été donné de faire ou de voir faire par d'autres. Mais je devrais vraiment, pour épuiser ma tache, énumérer presque tout ce qui se fait autour de nous ; ce qui se dit, ce qui s'écrit chaque jour. Nous voyons à l'envi les savants, les financiers, les statisticiens, publier partout des travaux de fond sur les maux de la guerre, sur ses conséquences financières, sur ses contre-coups industriels et commerciaux. Et, pendant ce temps-là, ces plumes légères, alertes, spirituelles, qui notent en courant, au jour le jour, et souvent pour plus d'un jour, des impressions que l'on croit fugitives et qui parfois sont sérieuses et profondes, des plumes comme celles de MM. About, Assollant, Feyruet, Sarcey [1], déversent de toutes parts, sur cette espèce

---

[1] Nous avons eu le regret de constater que cette bienveillance n'était pas chez tous également sérieuse. Tel qui s'était plu, bien

de contrefaçon et de caricature du courage et du patriotisme qui s'appelait autrefois le chauvinisme, ce baptême du ridicule, trop réservé naguère aux hommes sérieux qui ne trouvaient aucune gaité à voir égorger leurs semblables (*marques d'approbation*).

Un homme de bien dont il n'est que juste de rappeler ici le nom, le comte de Sellon, fondateur il y a 40 ans bientôt d'une société de la paix en Suisse, — notre ancêtre, par conséquent, — disait dès ce temps, et cette parole était prophétique : « quand l'humanité aura marché, l'ironie changera de camp; et au lieu d'aller frapper les hommes de bien et les causes estimables, elle s'abattra tout entière sur ce qui est mauvais dans les choses et dans les personnes. » Il n'y a que la sottise et la méchanceté de ridicules, en effet.

Grâce à ces Messieurs, et à bien d'autres, que nous en remercions; grâce à la conscience publique, qui s'éclaire, et au bon goût qui devient moins rare, ce changement de front commence à s'accuser.

On ne rit plus des hommes de bien et de leurs

spontanément, à .associer ouvertement à notre tâche dans un journal, a cru devoir, dans un autre, en rendant compte de notre séance, écrire de la même plume les appréciations les plus sévères et nous croyons pouvoir dire les moins exactes. Nous demandons la permission de ne nous souvenir que des premières, et de ne pas effacer un remerciement qui était mérité.

honnêtes désirs. On rit, quand il y a lieu d'en rire, et on pleure quand il y a lieu d'en pleurer, des stupides enthousiasmes de la destruction et du carnage (*Salve de bravos*).

Aussi (beaucoup d'entre vous le savent) lorsque, dans une enceinte autrement vaste que celle-ci, un homme qui est également sur cette estrade, comme son père était avant lui et avec lui sur les estrades où se sont assis nos devanciers il y a vingt ans, M. Coquerel, au plus fort de l'agitation électorale, ne craignit pas de convoquer la population de Paris pour lui parler de la guerre, il vit venir à lui, malgré les circonstances, une assemblée immense et bientôt enthousiaste. Je me souviens encore, — je suis un de ceux qui ont eu le bonheur de l'entendre et de l'applaudir — des acclamations qui l'accompagnèrent pendant tout son discours. Je me souviens de celles qui l'accueillirent et le poursuivirent à sa sortie, malgré ses efforts pour s'y dérober. J'entends encore, non loin de moi, dans la foule, quelques personnes, auxquelles cette sorte d'ovation ne plaisait pas, à ce qu'il paraît, s'écrier avec un accent de dépit concentré : « C'est du fétichisme, c'est du fétichisme ! » Ces personnes se trompaient, ce n'était pas du fétichisme, c'était du bon sens. Ou s'il y avait un fétichisme en cause là dedans, ce n'était pas celui qu'elles pensaient.

Ce n'était pas un fétichisme naissant, c'était un fétichisme en décadence, à la grande colère de ses fanatiques : le vieux fétichisme de la force brutale, du coup de poing, du coup de sabre, de la violence en un mot, dans la rue ou à la frontière, ce fétichisme-là, nous ne nous en cachons pas, nous le répudions, nous le méprisons et nous le maudissons. (*Nouveaux bravos.*)

Et, à ce sujet, un mot qui a son importance. On parle toujours de nos divisions, de nos incompatibilités, et de tout ce qui nous sépare en camps ennemis. Qu'on parle donc aussi de nos aspirations communes, de tout ce qui nous unit et nous réunira de plus en plus. On a sans cesse sous les yeux l'épouvantail des anciens ressentiments et des vieux partis ; et l'on ne voit pas le grand parti nouveau qui se lève, le parti de l'avenir : le parti de la justice, le parti du respect, le parti—appelons les choses par leur nom—le grand parti de la fraternité humaine! (*Acclamations et bravos répétés*) de cette fraternité qui ne dit pas comme le faux libéralisme de je ne sais plus quel grand seigneur: « l'homme finit au baron » (*rires*); qui ne dit pas davantage, comme les Pharisiens de toutes les écoles : « l'homme finit aux limites de ma secte; » ou comme le patriotisme étroit et jaloux: « l'homme finit aux frontières de mon pays »; non, j'entends cette fraternité plus vrai et plus large qui englobe tout dans l'unité de son amour pour arriver à tout rapprocher et à tout unir, et pour laquelle l'homme finit à l'homme et pas avant: car la sainte dignité du caractère humain est universelle et elle est inviolable. (*Nouveaux bravos.*)

Oui, comme l'a dit si admirablement notre président, oui, nous avons tous, par delà la patrie particulière et morcelée à laquelle nous devons d'abord tenir, une grande patrie commune à laquelle nous devons songer aussi et de plus en plus parce que de plus en plus elle se réalise et se manifeste. C'est l'amour de cette grande patrie que ne savent pas concevoir les esprits attardés dans le passé; c'est lui qui avec le temps, si nous voulons comprendre la grandeur de ce mouvement d'expansion dont nous sommes à la fois les instruments et les bénéficiaires, arrivera sinon à conjurer tout à fait, du moins à restreindre de plus en plus les emportements de la violence et de la haine. C'est lui qui, sur les aspérités des anciennes rivalités, sur les amers souvenirs, blessants pour les uns non moins que pour les autres, passera peu à peu le niveau de la dépendance mutuelle et versera le baume des bons offices quotidiens. C'est lui qui, par l'industrie, par la science, par les liens de famille, par ces échanges grâce auxquels il n'est pour ainsi dire plus un de nous qui appartienne exclusivement à un pays ou à un endroit, formera peu à peu la grande famille

6.

la grande société entrevue et prophétisée déjà par Cicéron, la grande *société du genre humain* ! (*Vive approbation.*)

On nous demande tous les jours, sur un ton ou sur un autre, quelle est notre ambition ; la voilà. On nous demande où sont nos moyens et nos ressources; les voilà encore. On nous demande qui nous sommes : nous répétons que nous sommes tout le monde. Nous sommes, comme l'a dit spirituellement M. Bersot, qui nous baptisait ainsi longtemps avant notre naissance, la grande, l'universelle conspiration, au grand jour, en plein soleil, de tous les hommes de bien qui ne se connaissent pas.

Nous sommes cela, et pas autre chose. Et voilà pourquoi cette œuvre est vivace et indestructible, peu importent les noms et les personnes. Voilà pourquoi, — comme une plante d'abord petite, faisant peu à peu son travail souterrain, introduisant péniblement ses racines une à une dans les interstices des rochers arides, puis s'affermissant, grandissant, aspirant largement l'air et la rosée du ciel, — notre *Ligue de la Paix* commence à s'étendre de plus en plus et à devenir véritablement cet arbre immense, cet arbre dont parle l'Évangile, sous lequel viennent s'abriter les habitants des airs et les habitants de la terre. (*Approbation.*)

Mais ces choses, Messieurs, ce n'est plus à moi,

c'est à l'orateur que vous attendez, à vous les dire infiniment mieux que je ne pourrais essayer de le faire ; et il est plus que temps que ma voix se taise devant la sienne.

Je n'ai pas, je le sais trop, dit tout ce qu'il vous serait réellement intéressant de connaître ; je n'ai pas parlé de ce que nous aurions à faire et de ce que nous ferons, espérons-le, si vous voulez bien nous seconder ; je n'ai pas nommé la plupart des noms que j'aurais voulu nommer et qui auraient mérité d'être salués de vos applaudissements ; mais comment faire, quand la moisson est trop grande,... et toujours trop petite pourtant ? Ce que je ne puis dire, j'essaierai de vous le donner dans le compte-rendu imprimé, où vous saurez le chercher, j'en suis certain; aujourd'hui je n'ai plus, après m'être excusé de vous avoir retenus si longtemps, qu'une seule chose à faire. C'est de vous rappeler une dernière fois nos besoins, besoin de ressources, besoin d'aide morale, besoin d'aide matérielle. C'est au nom de ces besoins que nous provoquerons plus directement votre concours à la fin de cette séance, alors que nous serons tous pénétrés de cette chaude flamme qui va jaillir des lèvres et du cœur de l'orateur devant lequel je m'incline (*Applaudissements prolongés.*)

M. LE PRÉSIDENT. La parole est au R. P. Hyacinthe.

Accueilli, au moment où il se lève, par les dé-
monstrations les plus sympathiques de l'assemblée, le R. P. HYACINTHE s'exprime en ces termes :

MESDAMES ET MESSIEURS,

Je n'ai que quelques paroles à ajouter aux savants
et éloquents discours que vous venez d'entendre.
Après de telles voix, la mienne a peu d'autorité
dans ces matières ; toute sa valeur est de représenter plus directement l'Évangile au milieu de vous.

*La Ligue internationale et permanente de la
Paix* se propose d'agir dans tous les sens sur l'opinion publique, et c'est pourquoi elle fait appel à
toutes les lumières propres à l'éclairer, à toutes les
forces capables   t diriger. Parmi ces lumières et
ces forces, elle dev.   placer au premier rang l'É-
vangile, lumière si pure, force si forte, qu'elle ne
perd rien à tomber dans l'infirmité de nos paroles
et dans l'humilité de nos personnes.

C'est donc l'Évangile que je viens apporter, pour
ma part, dans l'œuvre de *la Paix* ; non pas cet
Évangile qu'ont rêvé les sectaires de tous les temps,
étroit comme leur esprit et comme leur cœur, mais
mon Évangile, à moi, celui que j'ai reçu de l'Église

et de Jésus-Christ, l'Évangile qui domine tout et n'exclut rien…(*Mouvement*), qui redit et accomplit la parole du Maître : « Celui qui n'est pas contre vous est pour vous [1], » et qui, au lieu de repousser la main qu'on lui tend, va lui-même au devant de toutes les idées justes et de toutes les âmes honnêtes.(*Marques d'approbation.*)

Qu'il me soit donc permis, avant de montrer dans la religion et dans la vertu la meilleure sauvegarde de la Paix, de reconnaître les services que peuvent lui rendre des institutions et des intérêts plus terrestres.

Les institutions, les intérêts, les vertus, tels sont les instruments de paix sur lesquels je veux fixer votre attention.

I. — LES INSTITUTIONS

J'ai nommé en premier lieu les institutions. — Je me suis trompé peut-être, car lorsqu'on se

[1] « Et Jean, prenant la parole, dit : « Maître, nous avons vu quelqu'un qui chassait les démons en votre nom, et nous l'en avons empêché, parce qu'il ne vous suit pas avec nous. »

« Et Jésus lui dit : Ne l'en empêchez point, car celui qui n'est pas contre vous est pour vous. »

(Luc, ix, 49 et 50.)

demande avec réflexion quelle serait l'institution
propre à assurer la paix du monde, on est aux
prises avec des idées si peu pratiques que l'on se
sent toucher à la région des chimères. Je ne vois
guère d'institution efficace que celle d'une Cour
souveraine et internationale de justice, ayant pour
mission d'apprécier les dissentiments qui s'élève-
raient entre les peuples, et de prévenir, par des
sentences obéies, toute collision sanglante. L'avenir jouira peut-être d'une telle institution. Je suis
de ceux qui croient d'autant plus au progrès qu'ils
ont une foi plus entière à l'Évangile, à la grâce de
la rédemption, à toutes les puissances surnaturelles
déposées dans le monde, directement, principalement sans doute, pour y sauver les âmes, mais
aussi, par un contre-coup nécessaire et glorieux,
pour y sauver les peuples et l'humanité tout entière. (*Bravos.*) Il est possible que dans un avenir
plus ou moins éloigné nos neveux saluent ce grand
aréopage qui réaliserait dans cette partie du continent quelque chose de ce que l'on a nommé les
États-Unis de l'Europe ; mais enfin ce jour n'est
pas celui où je parle, ni celui de demain, et par
conséquent une telle institution ne saurait figurer
parmi les barrières efficaces que nous voulons opposer à la guerre.

J'aime mieux recourir à deux puissances du moment : la diplomatie, représentant les gouverne-

ments ; l'opinion, représentant les peuples. C'est l'affaire de la diplomatie et l'affaire de l'opinion, s'élevant toutes deux à la hauteur de la mission que la volonté de Dieu et la conscience humaine leur ont faite, d'opposer aux envahissements du fléau des obstacles insurmontables. Que la diplomatie, reniant l'esprit comme la lettre de Machiavel, rejette cette fausse science des expédients et cet art mauvais des ruses, qu'elle s'éclaire à la grande lumière des principes, qu'elle s'inspire à la flamme des sentiments généreux, et bientôt elle aura constitué dans tous les grands centres européens une ligue internationale, un congrès permanent et souverain de la Paix. Mais pourquoi parlé-je seulement de l'Europe, quand j'entendis dire que du fond de l'Asie, à travers les pans écroulés de la grande muraille, la vieille Chine envoie vers nous un fils de la jeune Amérique, et réclame, par son organe, l'honneur d'être introduite dans le concert des nations civilisées [1] ? C'est cette diplomatie qui a vraiment le secret de l'avenir !

Toutefois, c'est moins à elle qu'à l'opinion publique qu'il nous faut recourir pour nos projets de paix. Pascal a dit : « L'opinion est la reine du monde, tandis que la force n'en est que le tyran. » C'était l'aurore de l'opinion publique, qui brillait

[1] La mission de M. Burlingam.

à peine aux jours de Pascal et de Louis XIV. L'aurore a grandi depuis, elle touche à son midi, et partout aujourd'hui elle tend à mettre fin aux caprices des gouvernements personnels. (*Bravo ! Bravo ! — Vives acclamations.*)

Les gouvernements personnels ont pu avoir leur raison d'être et leur utilité dans d'autres âges.... (*Sourires. Très-bien ! très-bien !*). Il faut à l'enfant des maîtres et des précepteurs très-personnels, mais, comme l'a dit saint Paul en parlant de l'humanité régénérée [1], nous ne sommes plus des enfants, ni des esclaves, nous avons droit d'entrer en possession de notre héritage, et c'est pourquoi ce n'est plus le temps des gouvernements personnels ! (*Approbation.*) C'est le temps du gouvernement de l'opinion publique, du gouvernement du pays par lui-même, et, parce que tous les pays s'appellent et se tendent la main, ce sera bientôt l'heure du gouvernement de l'humanité par elle-même.

Eh bien, je le demande, les peuples, aujourd'hui, sont-ils pour la guerre ou pour la paix ? Des rives de l'Amérique à celles de l'Europe et de toutes les contrées du monde, un grand cri s'élève et répond: La paix! L'humanité, on l'a dit dans les discours que nous venons d'entendre, l'humanité, aujourd'hui

---

[1] Galates, iv.

plusquejamais, se sent une; fidèle, dans ses divers membres, aux patries particulières, elle voit cependant au-dessus de ces patries la patrie universelle, cette cité de Dieu et des hommes, dont Cicéron disait : *universus hic mundus, una civitas communis Deorum atque hominum* [1]. L'humanité a la conscience que toute guerre dans son sein est une guerre civile : elle ne veut plus être un camp, mais un forum et un marché, avec un temple au-dessus où elle montera pour adorer son Dieu ! (*Applaudissements.*)

Mesdames et Messieurs, j'allais oublier une institution pour laquelle, comme a bien voulu le rappeler notre honorable secrétaire, on m'a accusé pourtant dans d'autres circonstances d'avoir été partial : cette institution, c'est l'armée. — Je crois que, bien comprise et bien organisée, l'armée est un des plus puissants instruments de paix. Le type pur de l'homme de guerre me semble être, dans l'époque où nous vivons, presque aussi nécessaire à la civilisation que celui du prêtre, et je serais désolé de ne pas lui rendre justice. — Je n'entends point parler de ces armées monstrueuses nées dans des jours de fièvre, sous l'influence d'un esprit de vertige, et qui, changeant la paix en un fléau presque aussi redoutable que la guerre elle

____
[1]. *De legib.* I, VII.

même, creusent sous le piétinement de leurs lourds bataillons des gouffres sans fond dans les finances de l'État, dans la prospérité des familles, dans le noble sang de tant de jeunes gens stérilisés ou corrompus. (*Vive approbation.*) Certes, ce n'est point là ce que j'admire, et quand l'Europe s'éveillera du rêve mauvais qu'elle fait depuis quelques années, non contente d'effacer de tels scandales de ses lois et de ses mœurs, elle rougira de ne pouvoir les arracher de son histoire. Ce qu'il nous faut, c'est l'armée réduite à ses proportions légitimes, soustraite, en temps de paix, au régime corrupteur des garnisons, et organisée de manière à trouver ses plus grandes satisfactions dans la paix. On nous a parlé des 6,000 hommes qui composaient tout l'effectif des États-Unis. (*Sourires.*) Je ne pense pas que nous soyons encore assez avancés vers le pôle de l'avenir pour nous en tenir là. (*Assentiment.*) Mais nous avons sur le vieux continent d'autres exemples plus en rapport avec notre état social, et que nous pouvons je ne dis pas copier, mais imiter avec indépendance et originalité. Dans la meilleure partie de l'Europe, le soldat est moins isolé que chez nous de la vie de famille et de la vie des champs : c'est en cultivant le sol, c'est en habitant le foyer, qu'il apprend à les mieux aimer et à les mieux défendre. *Pro aris et focis.* Mais pourquoi regarder autre part que chez nous ?

Avons-nous oublié les premières guerres de notre République et ces levées en masse pour sauver la patrie, et ces armées de paysans sans exercice, souvent sans souliers et sans pain, qui s'en allaient couvrir la frontière d'une ceinture héroïque pour cacher à l'étranger les hontes du dedans, l'échafaud et les saturnales, et pour faire reculer les vieilles armées de l'Europe coalisée contre nous ! (*Applaudissements.*)

II. — LES INTÉRÊTS

J'ai maintenant à dire un mot des intérêts.

Les intérêts terrestres sont de grandes choses, ils sont pleins d'idées et de vertus, et, après tout, quand Dieu nous a placés sur la terre, ce n'est pas pour y rêver le ciel, mais pour l'y mériter. (*Très-bien ! Très-bien !*) C'est par la conquête de la terre que l'homme doit aller à la conquête du ciel. Le livre sacré nous dit que Dieu, dans sa sagesse, a fait l'homme pour constituer ce monde dans la justice et la vérité [1]. Ce sont là des paroles que nous ne saurions trop méditer, ni surtout trop appliquer.

---

[1] Sapientia tua constituisti hominem, ut dominaretur creaturæ quæ a te facta est, ut disponat orbem terrarum in æquitate et justitia. (*Sagesse*, ix, 2 et 3).

Mesdames et Messieurs, la justice de l'homme à la terre, c'est l'agriculture, l'industrie et le commerce. — L'agriculture tient la première place. Cette terre endormie dans un sommeil léthargique, elle est réveillée par le bras vigoureux du laboureur. Elle boit la sueur de l'homme, elle s'enivre de cette amère et sainte liqueur ; et prenant à dégoût sa barbarie native, elle s'associe, active et joyeuse, à la culture qui la transforme et la féconde. Voilà la terre établie dans la justice et la vérité, devenue la nourrice des multitudes, ouvrant ses larges mamelles aux hommes de toutes les nations, et leur versant à grands flots cette vie physique sans laquelle la vie morale elle-même viendrait à tarir. Le paysan a produit ces richesses qu'avec un juste orgueil il passe à l'ouvrier de nos manufactures et de nos usines, en lui disant : Frère, achève mon œuvre et commence la tienne ! Poursuis le grand travail prescrit par Dieu à l'humanité. — Et l'ouvrier de l'industrie prend le fruit de l'agriculture, il appelle de toutes parts les forces cachées ou rebelles de la nature, il dompte ce qui est rebelle, il manifeste ce qui est caché, et il crée à son tour ces autres merveilles qui sont le dernier mot de l'homme et de la matière dans la sphère de l'utile, comme les arts en sont le dernier mot dans la sphère du beau. Et quand le paysan et l'ouvrier ont fait leur œuvre, alors le commerce ouvre ses larges ailes, ses voiles s'enflent au vent, ses chaudières bouillonnent et grondent, ses vaisseaux sillonnent les mers, ses chars de feu parcourent la terre, les artères des peuples s'ouvrent de toutes parts, afin que le sang d'une même civilisation, la sève des mêmes idées morales et des mêmes produits matériels coulent à travers l'humanité tout entière. Et la parole de saint Paul s'accomplit comme elle ne s'était pas dite et comme elle ne s'était pas accomplie avant le christianisme, suprême inspirateur de ces grandes choses : *Gentes esse cohæredes :* les nations sont cohéritières [1] *(Bravos, applaudissements répétés.)*

Or, Mesdames et Messieurs, qu'y a-t-il, avec le christianisme, au commencement et à la fin de toutes ces choses, sinon la paix ? La paix, comme principe et comme résultat, toujours et partout la paix ! Malheur, trois fois malheur, si le clairon de la guerre a sonné, si les bras des ouvriers des champs et des manufactures sont détournés violemment de leur véritable destination, si les voiles des navires du commerce se replient tristement, et si sur les mers, comme sur la terre, au lieu du bruit joyeux du travail, on n'entend plus que le choc effrayant de la destruction ! *(Marques générales d'assentiment.)*

Écartons ces images odieuses, et reposons-nous

[1] Éphés., III, 6.

un instant en face de deux grands spectacles de l'heure où je vous parle.

Vous êtes chrétiens ; je le suis aussi, et je suis prêtre et religieux ; mais, ni dans mon christianisme, ni dans ces glorieux haillons de la vie monastique, ni dans ces isolements du cloître et du temple, je n'ai voulu, je n'ai pu me d'sintéresser des choses de la terre ! (*Ah ! très-bien ! très-bien !*) Aussi, Mesdames et Messieurs, est-ce avec un véritable saisissement qu'en votre nom à tous, je salue ces nouveaux triomphes du génie et du travail humains !

Je me tourne vers l'Orient, d'où nous vient chaque matin le soleil, d'où nous est venue la lumière de l'Évangile, et au point qui autrefois séparait l'Europe de l'Asie, je vois maintenant, non plus une barrière, mais un trait d'union sublime. C'est l'admiration et le profit du monde, mais c'est l'œuvre de la France ; c'est ma France qui a fait cela ! (*Bravos.*) C'est elle qui a conçu ce projet et qui l'a maintenu contre les ironies qui s'adressent au génie comme à la vertu ; c'est elle qui a inventé ces machines prodigieuses et qui a fait bondir les rochers, comme les béliers du psaume, *exultaverunt montes*, et qui a fait courir et briller au soleil du désert l'eau de ce canal qui va joindre deux mondes !

Je regarde maintenant à l'Occident.

Cette fois, c'est l'eau qui sépare, c'est le grand Océan atlantique entre l'Amérique et nous. Mais voyez-vous, des hauteurs du glorieux Léviathan, dans notre rade de Brest, — car c'est encore la France ! — voyez-vous ce câble géant tomber avec le bruit du tonnerre, avec la rapidité de la foudre ? Il s'enfonce dans les profondeurs, écartant sur son passage les monstres de l'abîme et bravant les tempêtes ; il s'étend de l'Europe à l'Amérique pour porter, non les messages de la guerre, mais ceux de la paix, et pour réaliser l'union des trois nations qui forment l'aristocratie du monde et qui peuvent, le jour où elles sauront le vouloir, faire régner la paix sur notre planète, l'Amérique, l'Angleterre et la France ! (*Vifs applaudissements.*)

III. — LES VERTUS

Mesdames et Messieurs, la société humaine repose sur une base plus profonde et plus sacrée que les intérêts et que les idées elles-mêmes : l'ordre moral est le fondement nécessaire de l'ordre social. Ce serait donc une illusion de croire que les forces diverses que nous venons d'énumérer suffisent par elles-mêmes au maintien de la paix, et qu'elles puissent impunément s'isoler de cette force suprême : la vertu ! Notre honorable et savant président vient de nous montrer les passions déréglées du cœur comme un principe permanent de guerre. Vous me permettrez de faire remarquer que je n'avais pas dit autre chose dans cette conférence sur *la guerre*, qui m'a été reprochée par quelques-uns des amis de la paix. J'avais dit : « La guerre, c'est l'idéal du péché, c'est l'idéal de la brute et de Satan. » (*Approbation.*) Mais c'est précisément parce que c'est l'idéal de la brute et de Satan que c'est, par un côté, l'idéal de l'homme. Il y a de la brute et du Satan dans l'homme. La racine de la guerre est dans l'orgueil, dans la cupidité, dans la vengeance, dans toutes les mauvaises passions qui fermentent en nous ; c'est notre douleur et notre gloire de les combattre, mais pour en triompher il ne faut pas en méconnaître l'existence et l'énergie. — Pour vaincre la guerre, pour lui dire ce que le Seigneur a dit à la mort : O mort, je serai ta mort, *ero mors tua, ó mors*[1], il faut faire une guerre d'extermination au péché : au péché de la société comme à celui de l'individu, au péché des peuples comme à celui des rois. Il faut lire et expliquer au monde, qui ne les connaît pas encore, ces deux grands livres de la morale privée et de la morale publique : le livre de la

____
[1] Osée. XIII, 14.

Synagogue écrit par Moïse avec les feux du Sinaï, et transmis par les prophètes à l'Église chrétienne, et puis notre livre à nous, le livre de la grâce, qui explique et complète le livre de la loi, l'Évangile du Fils de Dieu. Le Décalogue de Moïse et l'Évangile de Jésus-Christ ! Le Décalogue qui dit justice en montrant dans les hauteurs de la justice le fruit de la charité ; l'Évangile qui dit charité en montrant dans les racines de la charité la séve de la justice. Voilà ce qu'il faut affirmer par la parole et par l'exemple, voilà ce qu'il faut glorifier devant les peuples et devant les rois ! (*Applaudissements prolongés.*)

Je vous remercie de ces applaudissements, parce qu'ils sortent de vos âmes et parce qu'ils s'adressent aux deux livres de Dieu ! Je les accepte au nom de ces deux livres. Je les accepte aussi au nom des hommes sincères qui se groupent autour d'eux, en Europe et en Amérique. Car c'est un fait éclatant qu'il n'y a de place au soleil du monde civilisé que pour ces trois sociétés religieuses : le Catholicisme, le Protestantisme et le Judaïsme ! (*Nouveaux applaudissements.*)

On a regretté l'absence d'un catéchisme de la paix. On peut y désirer des formes plus détaillées ou plus appropriées à nos besoins actuels, mais j'ose affirmer qu'il est fait. Vous n'avez qu'à tirer les conclusions du Décalogue ! Vous n'avez qu'à appliquer aux peuples la morale des individus, et à renverser cette barrière de mensonge : une morale pour la vie privée et une morale pour la vie publique. (*Très-bien ! Très bien !*)

Tu ne tueras point, dit le commandement éternel ! Mais condamne-t-il seulement l'homme lâche et cruel qui suit sa victime dans l'ombre, et lui enfonce un couteau dans le cœur ou lui brûle la cervelle avec un pistolet ? Le meurtre n'est-il plus un crime quand il se commet en grand et qu'il est le fait d'un prince ou d'une assemblée délibérante ? Quoi ! vous pourrez, sans violer la loi de Dieu, sans soulever la conscience de l'homme, sans porter à votre front le signe de Caïn et sans amasser sur votre tête des charbons ardents. — vous pourrez ouvrir au soleil de l'histoire ces vastes champs de carnage et y faire broyer par la mitraille, pour vos caprices ou pour vos calculs, des centaines de milliers de créatures humaines, — Caïn ! Caïn ! qu'as-tu fait de ton frère Abel ! (*Marques générales d'assentiment.*)

Tu ne tueras point ! dit la Loi ; et elle dit encore : Tu ne déroberas point !

Voici un homme indigent : sa femme et ses enfants, exténués de besoin, languissent sur une paille infecte, dans un de ces réduits si fréquents au milieu des grandes villes, où l'on construit des palais luxueux. Cet homme, dans la fièvre de la douleur, dans l'entraînement de son âme troublée par les larmes qu'il a bues sur les joues de sa femme et sur les mains de ses petits enfants, saisit un pain ou une pièce d'or et rapporte la vie, à défaut de la joie, dans la demeure de la faim. La justice humaine l'y poursuit ; elle l'arrache à cette famille en deuil, elle le frappe à la fois dans son amour, dans son honneur et dans sa liberté. Et voici maintenant un gouvernement qui rêve je ne sais quelle rectification de frontières au dehors (*Applaudissements.*), je ne sais quelle diversion habile au dedans (*Applaudissements.*), je ne sais quels piéges tendus par la gloire à la liberté (*Bravos prolongés.*), et en attendant le jugement de l'histoire et le jugement plus assuré de Dieu, la conscience publique absoudra, glorifiera peut-être le vol de tant de villes et de tant de provinces, l'annexion hypocrite ou violente de tout un peuple ! Eh bien, moi, ministre du Dieu vivant, la main sur le Décalogue, j'oserai dire : Dans le premier cas, s'il y a péché, c'est un péché véniel ; dans le second cas, c'est un péché mortel ! (*Nombreux applaudissements.*)

Tu ne désireras point ces choses dans ton cœur,

continue le Livre inspiré ! Et en effet, devant le Dieu de la conscience chrétienne, le mal n'est pas seulement dans la main qui le fait, il est aussi dans l'œil qui le convoite, dans la pensée qui le médite. O rois, ô puissants, ô peuples, car les peuples ont aussi leurs vertiges, et la démocratie ses flatteurs qui la perdent tout comme les pouvoirs personnels (*Approbation.*)...., qui que vous soyez, rois ou peuples, vous ne convoiterez pas! Vous ne direz pas : Attendons notre heure, et, comme le brigand attend la sienne aussi, dans l'obscurité de son antre, vous ne respirerez pas à l'avance l'odeur du sang que vous n'osez verser. Vous ne convoiterez pas !

Vous le voyez, Mesdames et Messieurs, ce n'est pas le catéchisme qui est à faire, c'est l'histoire qui est à refaire. Il ne faut plus qu'on nous apprenne dès notre enfance que la grande gloire est celle des conquérants... (*Applaudissements*). Ce qu'il faut dire à vos fils, mères qui m'écoutez, c'est que l'homme qui fait croître deux brins d'herbe là où il n'y en avait qu'un seul, a fait plus pour l'humanité que le conquérant qui a gagné vingt batailles ; c'est qu'ils doivent avoir pour l'indépendance des nations le même respect que pour la pudeur des femmes [1] ; c'est qu'ils seraient aussi

---

[1] « L'indépendance est aux nations ce que la pudeur est aux femmes. Qu'importent les autres vertus, si celle-là vient à manquer ! » César Balbo : *Les espérances de l'Italie.*

lâches et aussi criminels de l'insulter chez une nation voisine que de la laisser violer dans leur propre patrie ! (*Nouveaux applaudissements.*)

Ah ! si c'était une guerre d'indépendance, je serais le premier, sinon à la faire, du moins à la prêcher ! Si le drapeau de la France était à la frontière pour défendre, et non pour attaquer, il pourrait se déchirer sous les balles, se noircir dans la fumée, se rougir dans le sang, nous l'entourerions tous, et il ne reculerait pas ! Cher et glorieux drapeau ! si les mains des soldats y manquaient, celles des femmes se cramponneraient à sa hampe, et il ne reculerait pas ! (*Très-bien ! très-bien !*)

Je viens de parler de la justice : elle ne suffit pas plus entre les peuples qu'entre les individus. Avec la justice il faut la charité. — Pourquoi la loi est-elle si difficile, impossible même à remplir, tant que l'esprit de la grâce n'est pas descendu dans les cœurs? C'est que la justice, par elle-même, est fâcheuse ; elle limite nos droits par les droits de nos semblables ; elle restreint la sphère de notre activité. Mais que l'amour s'empare du cœur et le dilate au point de lui faire trouver son propre bien et sa propre joie dans la joie et dans le bien des autres, l'accomplissement de la loi n'a plus rien de pénible ; il devient un besoin autant qu'un devoir pour l'âme, et tel est le sens de la profonde parole de saint Augustin : Aimez, et faites ce que vous voudrez. Il faudrait donc que les peuples, non contents d'être justes, fussent bons, affectueux, confiants les uns pour les autres. Il faudrait que les nations de l'Europe fussent entre elles dans des dispositions analogues à celles des provinces d'un même pays.

Est-ce que la prospérité d'une de nos provinces porte ombrage aux autres ? Non, parce que dans leur individualité trop imparfaite, selon moi, mais réelle pourtant, elles forment la grande unité de la France. Eh bien ! que chacune des nations du continent se considère comme une province de ces États-Unis de l'Europe, qui ne peuvent être encore politiquement constitués, mais qui le sont moralement déjà. Alors, dans cette unité supé. rieure qui relie leurs intérêts, et loin de les amoindrir, les fortifie et les développe, elles auront confiance les unes dans les autres ; et quand, par des moyens honnêtes, par l'effort du travail et de la moralité, la prospérité de l'une grandira, il n'y aura de crainte nulle part, il y aura de la joie et de la fierté partout. Les petits États diront: Nous avons un protecteur de plus! Et les grands États ouvriront leurs rangs pour y accueillir ce nouvel et puissant auxiliaire.

Mais combien cette unité devient plus étroite et plus sainte, si on la considère dans l'ordre chrétien ! J'ai rappelé déjà l'admirable doctrine de saint Paul. Les nations n'ont qu'un héritage et ne forment qu'un corps : *concorporales*, un de ces mots nouveaux que le christianisme a créés pour exprimer les idées nouvelles qu'il apportait au monde, l'idée du cosmopolitisme et de l'humanitarisme véritables, l'idée de la citée et du peuple de Dieu ! Les nations sont plus que solidaires, elles sont *concorporelles*, parce qu'elles sont participantes à une même promesse et à une même vie de Dieu par l'Évangile et en Jésus-Christ : *Comparticipes promissionis ejus in Christo Jesu per Evangelium !*

Mesdames et Messieurs, je me souviens de la première apparition du signe de la croix sur un drapeau guerrier. — Un prince que je ne nomme qu'avec réserve, parce que, bien qu'il ait été sous certains rapports le bienfaiteur de l'Évangile, il lui a fait, suivant moi, beaucoup de mal aussi, Constantin le Grand (*Marques d'assentiment*)..., à ce moment il était grand, car il combattait la résistance violente et aveugle du paganisme expirant,... dans un de ces songes prophétiques, comme en ont les grands hommes à la veille des grands événements de leur vie et de la vie du monde, Constantin vit le Christ tenant dans ses mains, chose étrange ! un drapeau de guerre, mais sur ce drapeau se dessinait une croix.

La croix sur le drapeau, c'est d'abord la transformation de la guerre, puis c'est sa destruction : la transformation par la justice et la charité, la destruction par la paix ! Non, depuis que le rayon céleste a gravé la croix sur le labarum, plus de guerre, si ce n'est la guerre juste, celle qui se fait uniquement pour la défense du droit contre l'agression violente, et par conséquent contre la guerre et pour la paix ! Toute autre guerre est païenne, alors même qu'elle a des chrétiens pour soldats, et la croix de Jésus qu'elle profane se vengera, en la jugeant au dernier jour. Non, sous l'étendard de la charité plus de haine, plus de vengeances, ni de cruauté ! Mais sur ces champs d'horreur et de beauté morale, les mêmes mains qui auront fait les blessures s'approcheront, tremblantes d'émotion et presque de remords, pour les panser et les guérir ; et au lieu du cri barbare de l'antiquité : Malheur aux vaincus, *væ victis*, on n'entendra, on ne verra qu'amour et respect aux vaincus !

Un jour, plus tard, après des siècles peut-être, — mais devant la pensée de Dieu et devant la vie de l'humanité, les siècles sont des jours, — la lumière

de la croix grandira sur le labarum prophétique,
et l'étendard des combats ne sera plus que l'étendard du triomphe immortel de la paix.

Dans l'âge présent de l'humanité, la paix universelle et perpétuelle n'est qu'une chimère; dans
son âge futur, elle sera une réalité. Pour moi, j'ai
toujours cru, — et aujourd'hui je laisserai échapper mon secret dans l'assemblée de mes frères, —
j'ai toujours cru que dans un avenir plus ou moins
loihtain, l'humanité arriverait, non pas à la perfection complète qui n'est pas de la terre, mais à
cette perfection relative qui précède et prépare le
ciel. Après la ruine de Jérusalem et de Rome,
après la fin du vieux monde qui leur était prédite,
les premiers chrétiens, héritiers des promesses des
prophètes Juifs, n'attendaient pas immédiatement
l'éternité céleste, mais un règne temporel de
Jésus-Christ et de ses saints, une régénération et
un triomphe de l'humanité sur la terre [1]. Je l'at-

---

[1] Telle est l'opinion de plusieurs Pères des premiers siècles.
L'Église ne l'a jamais condamnée; et saint Jérôme, qui ne la par-
tageait pas, s'en est exprimé en ces termes : *Licet non sequamur,
tamen damnare non possumus, quia multi ecclesiasticorum viro-
rum, et martyres ista dixerunt, et unusquisque in suo sensu
abundet, et Domini cuncta judicio reservantur.* (Jér. XIX.) Cette
opinion a été défendue de nos jours par un savant et pieux théo-
logien catholique, l'illustre Rosmini. (Voir *Teodicea*, p. 601 et
suiv.)

tends, moi aussi, ce millénaire mystérieux, dont les erreurs de détails n'ont pu altérer la vérité profonde ; je l'attends et je m'efforce de le préparer dans l'humble, mais fidèle mesure de mes travaux, de mes paroles et de mes prières. Je crois que les peuples, comme les individus, goûteront un jour les fruits de la rédemption universelle du Fils de Dieu fait homme. Je crois que le Décalogue et l'Évangile règneront sur la planète entière. Je crois que, vous et moi, nous verrons du ciel une humanité plus humble et plus fière, plus douce et plus forte, plus chaste et plus aimante, plus grande enfin que la nôtre. Alors ce sera la paix ! *Et crit iste pax !* [1]

Sur le berceau de Notre-Seigneur Jésus-Christ, les anges chantaient dans la majesté douce de la nuit de Noël : Gloire à Dieu dans les hauteurs des cieux et paix sur la terre aux hommes de bonne volonté ! Et sur le tombeau d'où il est sorti, comme du berceau de sa nouvelle vie, le Christ a dit lui-même : J'ai vaincu le monde, je vous donne ma paix ! L'avenir recueillera la promesse des anges et le présent du Christ, le double hosanna de son berceau et de sa tombe ! L'avenir n'appartient pas à la violence, mais à la douceur ; et ce sera l'ac-

---

[1] Michée, v, 5.

complissement de cette autre parole, l'une de celles encore qui ne passeront point : Bienheureux les doux, parce qu'ils possèderont la terre [1] (*Applaudissements, bravos et marques d'approbation longuement répétées.*)

M. LE PRÉSIDENT. — Le R. P. Gratry, de l'Académie française, l'un des membres fondateurs de la *Ligue*, n'a pu cette fois encore venir parmi nous ; mais à défaut de sa présence, il a voulu nous adresser une lettre dont lecture va être donnée par un de ses confrères.

Voici cette lettre, dont la lecture est accompagnée et suivie de marques générales d'approbation.

Paris, 24 Juin 1869.

A MM. les Membres du Comité de la Ligne internationale et permanente de la Paix.

Vous avez tous compris le grand encouragement que vient de nous donner la France par les élections générales. A le bien prendre, il n'est sorti de l'urne que deux noms ; la *Paix*, la *Liberté*.

Recueillez toutes les professions de foi des élus, et les autres. Toutes promettent ces deux choses :

---

[1] *Beati mites, quoniam ipsi possidebunt terram !*

réduction de la guerre et progrès de la liberté. Ces déclarations et ces votes sont les cahiers de 1869.

Or, Messieurs, les cahiers de 1789 ont été, depuis le premier jour jusqu'aujourd'hui, foulés aux pieds. Par quel ennemi? Par la guerre, guerre étrangère et guerre civile. Les cahiers de 1869, modeste revendication des premiers, vont-ils donc être aussi foulés aux pieds par le même ennemi?

Il est, je crois, peu d'hommes assez aveugles pour ne pas voir qu'en ce moment, si la paix est donnée, la liberté s'ensuit.

La liberté est devant nous. Nous pouvons la saisir; mais à une condition, c'est que l'on sache enfin ne plus la mettre en fuite par le crime de la guerre civile, par la fureur sauvage qui verse le sang dans les rues.

Sourde ou flagrante, qu'elle sévisse à l'état de colère et d'insulte, ou qu'elle éclate en ruisseaux de sang, la guerre civile est l'obstacle fondamental à tout progrès politique et social. Elle est la cause de nos rechutes périodiques dans l'anarchie et dans la dictature.

Pendant ce temps, la guerre de peuple à peuple se charge d'arrêter la civilisation universelle. La guerre applique à la destruction du travail et de la vie des hommes la moitié des richesses du monde ; elle ne cesse de tenir disponibles pour l'homicide les meilleures forces de tous les peuples ; elle paralyse tous nos efforts pour détruire la misère, et pour combattre l'ignorance et le vice.

Telles sont les œuvres de cette Furie que Bossuet appelle « l'horreur du genre humain, le monstre le « plus cruel que l'enfer ait jamais vomi pour la « ruine des hommes ! »

Ne cessons donc, Messieurs, de combattre ce monstre et de travailler pour la paix. La paix! tous les peuples la veulent aussi bien que la France. Pourquoi donc ne l'avons-nous pas? C'est que les hommes ne savent pas encore attaquer la guerre dans sa source. Tant qu'une nation est divisée en deux nations par le mépris, par la colère et par la haine, cette nation est en guerre avec elle-même et avec les autres; car l'homicide est dans les âmes. *Pas d'homicide !* avait dit l'ancienne loi ! L'Évangile ajoute : *Pas de colère ! pas de mépris et pas d'insulte !* Car toute parole de haine est une semence de meurtre. La loi morale dans l'âme, l'Évangile dans le cœur, voilà la source de la paix, aussi visible, ment que le soleil est la cause des moissons.

Aussi, Messieurs, laissez-moi vous féliciter de savoir attirer à vous les ouvriers évangéliques, ces puissants ouvriers de la paix.

Il y a peu de temps, notre cher et zélé secrétaire général remerciait en votre nom le Père Charles Perraud de son très-beau et très-important discours sur l'*Évangile de Paix*. Laissez-moi remercier aujourd'hui le noble et courageux Père Hyacinthe, qui vient à vous parce qu'il sait que quiconque veut fermement et véritablement la paix est, au fond, serviteur de Dieu et fils de l'Évangile. *Beati pacifici quoniam filii Dei vocabuntur.*

Recevez, Messieurs et chers collègues, l'assurance de mon profond et cordial dévouement.

A. GRATRY.

M. LE PRÉSIDENT.—M. le pasteur Martin-Paschoud a la parole.

M. MARTIN-PASCHOUD,

Je vous supplie, Messieurs, — je ne dis pas Mesdames, — il y a parmi vous un très-grand nombre d'orateurs à moi connus, fort éloquents, je vous supplie de vouloir bien imaginer et me dire ce qu'il serait possible d'ajouter à tout ce que nous venons d'entendre. *(Sourires, très-bien! très-bien!)*

Je succombe comme vous, Mesdames et Messieurs, à mes émotions d'admiration et de gratitude.

De gratitude, c'est le mot, je tiens à le dire, envers notre digne secrétaire général, M. Frédéric Passy, à qui nous devons cette réunion, comme nous lui devons les précédentes, comme nous lui devons presque tous les travaux et tous les progrès de notre œuvre. *(C'est vrai ! c'est vrai ! — Applaudissements.)* Et je tiens à dire aussi combien je m'associe à une portion spéciale de ce que j'ai entendu tout à l'heure. Le R. P. Gratry, dans sa lettre, et le R. P. Hyacinthe, dans son magnifique discours, ont dit que la source de la paix c'était l'Évangile. Oui, c'est vrai, mais quel Évangile ? Assurément, ce n'est pas celui de ces esprits malheureux qui crient au scandale et poussent des gémissements au grand et beau spectacle que nous offrons aujourd'hui de prêtres catholiques, de pasteurs protestants et de rabbins israélites unis et réunis pour travailler en commun, dans leur pleine liberté et dans l'absolu respect de leurs croyances diverses, au triomphe de la sainte cause qui leur est commune. *(Bravo, bravo.)*

L'Évangile source de la Paix, c'est l'Évangile du R. P. Hyacinthe, c'est l'Évangile du P. Gratry, c'est l'Évangile du P. Perraud, c'est l'Évangile du Rabbin Isidor, c'est le mien, qui consiste, selon les propres paroles de Jésus-Christ, à renfermer toute la loi et les prophètes dans les deux grands commandements : AMOUR DE DIEU, AMOUR DES HOMMES. *(Vive approbation.)*

Notre cher secrétaire rappelait qu'il a assisté, il y a quelques mois, à Lyon, à un admirable discours du R. P. Hyacinthe. J'y étais aussi. J'ai entendu là, en effet, l'une des plus excellentes prédications qui aient jamais été prononcées dans une chaire catholique; et je n'ai pu m'empêcher de dire au R. P. Hyacinthe : « Je ne sais pas si je suis catholique, je ne sais pas si vous êtes protestant; mais ce que je sais bien, c'est que nous sommes de la même religion. » *(Applaudissements)*. Je suis heureux de le répéter ici ; et j'ai à cœur de dire la même chose et au R. P. Gratry et au grand Rabbin Isidor. Oui, nous sommes de la même religion ; de la religion de Moïse, quand il disait : « Tu aimeras l'Éternel, ton Dieu, de tout ton cœur ; tu aimeras ton prochain comme toi-même ; » et de la religion de Jésus-Christ, quand il disait : « Heureux ceux qui procurent la paix, ils seront appelés enfants de Dieu. » *(Très-bien! très-bien !)*

Il ne faut donc pas en vouloir — et ceci s'adresse à beaucoup de gens qui ne sont pas dans cette enceinte — il ne faut pas en vouloir aux ecclésiastiques des divers cultes de se réunir et de s'unir, comme s'ils ne le pouvaient faire sans abdiquer l'indépendance de leur foi propre, pour combattre en commun le *Monstre* dont vient de parler le P. Gratry ; il faut, au contraire, s'en féliciter, s'en réjouir: car, malgré tout ce qui a été dit, je persiste à croire, avec le R. P. Hyacinthe, que, s'il est nécessaire d'employer contre le fléau de la guerre toutes les armes, il n'y a de véritablement puissantes et décisives que les armes de l'Évangile. *(Mouvement.)*

En entendant le beau travail de notre honorable et savant Président, je me disais: Si nous ne faisions valoir auprès des hommes, pour les conquérir à la paix, que les arguments tirés des intérêts de l'agriculture, du commerce, de l'industrie, de la conservation et de l'accroissement des richesses, nous risquerions fort de ne pas atteindre le but. Les hommes sont très-personnels et très-égoïstes, je le veux bien ; mais je crois qu'ils le sont moins qu'on ne le dit : et le fait même de la guerre le prouve, puisque les hommes par la guerre se montrent prêts à sacrifier tous ces intérêts-là pour d'autres intérêts qu'ils considèrent comme d'une importance supérieure. Par conséquent, pour tuer la guerre, il faut faire ce que le P. Hyacinthe, le P. Gratry, le P. Perraud et notre cher et illustre collègue, l'abbé Deguerry, veulent qu'on fasse. Il faut employer auprès des hommes les arguments suprêmes, au dessus desquels ils ne puissent rien placer : le devoir, la morale, la religion, l'Évangile, l'esprit de l'Évangile : *l'amour de Dieu, l'amour du prochain* ; et le prochain c'est tout homme. Voilà ce qu'il faut faire valoir. (De toutes parts : *Très-bien! très-bien !*)

Mes chers collègues de tous les cultes, pardonnez-moi, sans manquer en rien à ces sentiments de respect mutuel qui sont les nôtres, de vous exprimer ici librement et à cœur ouvert toute ma pensée. Ne se peut-il pas que nous soyons un peu responsables, et peut-être pour une part plus grande que nous n'imaginons, par nos querelles et par nos divisions, des divisions et des querelles qui ont si souvent agité et ensanglanté la terre ? (*Mouvement : Très-bien ! Très-bien !*) Souvent, trop souvent, trop universellement peut-être, nous avons fait consister la religion trop exclusivement dans les pratiques et dans les *Credo*. Il faut, puisqu'il y a des points sur lesquels nous sommes tous d'accord, nous unir pour faire prévaloir ensemble, au-dessus de la lettre qui malheureusement nous divise, l'esprit qui sur tant de points peut nous rassembler. Il faut nous entendre au moins pour lancer d'une même bouche nos anathèmes et nos excommunications contre les propagateurs et les amis de la guerre; parce que la guerre est la violation la plus flagrante de l'Évangile et de l'esprit de l'Évangile. Il faut qu'au nom de notre foi à chacun nous disions à tous les hommes qui nous écoutent, quels qu'ils soient : « Vous n'êtes pas de notre religion, vous qui aimez, qui propagez la guerre; vous n'êtes ni de bons israélites, ni de bons catholiques, ni de bons protestants. Réunissons-nous pour faire cela, comme on se réunissait pour la grande Ligue des céréales dont on vient de parler. Seulement puissions-nous, pour la *Ligue internationale et permanente de la Paix*, nous réunir non pas sept cents, mais septante fois sept cents.

J'ai dit. *(Bravos et applaudissements répétés.)*

M. LE PRÉSIDENT. — Après les discours que nous venons d'entendre, et qui ont causé une si excellente impression sur cette assemblée, je ne crois pas exagérer en disant que toutes les personnes ici présentes sortiront de cette enceinte animées pour la cause de la paix d'un zèle plus grand que celui très-réel pourtant qu'elles avaient déjà en y entrant. *(Assentiment.)* Mais il faut que ce zèle ne reste pas lettre morte; il faut qu'il se manifeste par des actes, par des efforts, par des démarches, pour rallier autour de nous les personnes qui partagent notre opinion. Que ceux donc qui habitent Paris aussi bien que ceux qui résident dans les départements tâchent de nous conquérir partout de nouveaux adhérents; qu'ils répètent ce qu'ils ont entendu; qu'ils y ajoutent tout ce qu'ils pourront trouver dans leur cœur et dans leur conscience ; il s'agit de l'avenir du genre humain, de sa sécurité, de sa grandeur. *(Très bien! très bien!)*

Un mot encore, MM., avant de nous séparer, nous avons une formalité pour ainsi dire constitutionnelle à remplir. Les pouvoirs du comité central de la ligue, renouvelés pour un an à la première assemblée, sont expirés. Nous croyons pouvoir dire que ceux d'entre nous à qui vous avez confié la direction de l'œuvre commune n'ont pas démérité: mais encore est-il nécessaire qu'ils en reçoivent de vous l'assurance avec la confirmation de leur mandat.—(*Voix diverses : « par acclamation !* »—J'ai l'honneur de proposer à l'assemblée de continuer pour un an les pouvoirs dont le Comité actuel est investi.

De toutes parts. Oui ! oui ! approuvé ! approuvé !

M. LE PRÉSIDENT. Du consentement de tous, les membres du comité actuel sont maintenus dans leurs fonctions. (*Bravos.*)

J'ai à faire une autre proposition qui, je l'espère, ne rencontrera pas un accueil moins favorable que celle qui vient d'être adoptée. (*Parlez ! parlez !*)

Le comité, mettant à profit l'expérience de ces deux années, croirait utile d'adjoindre à ses membres actuels quelques membres étrangers et français, aussi bien pour compléter ses relations au dehors et mieux affirmer son caractère international que pour rendre un juste hommage au zèle de coopérateurs éprouvés, et s'assurer le très-précieux concours de quelques membres plus habituellement présents à Paris. (*Oui ! oui ! — Les noms ? les noms ?*)

Les personnes proposées sont :

Pour l'Angleterre : Le R. Henri Richard, secrétaire de la société de la paix de Londres, membre du Parlement, si justement applaudi ici en 1868.

Pour la Suède, le docteur Hedlund, membre du Parlement, rédacteur en chef du journal du commerce de Gothemburg, qui n'a cessé depuis deux ans de servir notre cause à la diète Suédoise et dans la presse.

Pour la Suisse : M. Pictet de Sergy, ancien conseiller d'État, président du comité suisse, ici présent.

Pour l'Amérique : M. Alfred H. Love, président de *l'universal peace society*, à Philadelphie, véritable apôtre de la paix.

Pour la France enfin : M. F. Bartholony, président du conseil d'administration du chemin d'Orléans, l'un de nos membres fondateurs et l'un des signataires de la déclaration pour la réunion publique du 10 février dernier;

M. Paillottet, ancien vice-président du conseil des prud'hommes, économiste connu par la publication des œuvres de Bastiat et par ses propres travaux, le premier et l'un des plus zélés souscripteurs de la Ligue;

Et M. Nottelle, négociant, auteur d'une remarquable brochure sur *la Guerre*, promoteur de l'excellente idée de remplacer le *ministère de la guerre* par le *ministère de la défense nationale*, et qui s'est toujours montré prêt à donner à l'œuvre commune le plus actif et le plus généreux concours.

L'assemblée accueille ces diverses propositions par les plus chaleureux applaudissements. En conséquence, les personnes nommées par M. le président sont proclamées membres du Comité de *la ligue internationale et permanente de la paix*.

M. LE PRÉSIDENT. Il ne me reste plus maintenant qu'à prier notre Secrétaire, toujours si zélé et si prévoyant, de vouloir bien donner lecture d'une pièce préparée par ses soins, et dont chacun de vous, Mesdames et Messieurs, est prié d'emporter des exemplaires pour achever la publicité et gagner ainsi des recrues à notre cause.

M. FRÉDÉRIC PASSY, *secrétaire général*, lisant:

« AUX AMIS DE LA PAIX!

« L'Europe, depuis plus de deux années, est dans une situation qui ne saurait se prolonger davantage.

« Partout on prodigue les assurances de paix, et partout les armements se multiplient. Partout on désavoue toute pensée de guerre ; et partout la préoccupation de la guerre, planant sur le travail et sur les affaires, entretient l'incertitude et la souffrance.

« C'est aux véritables Amis de la Paix à faire enfin cesser cette contradiction intolérable. C'est à eux à mettre, par le nombre, par la fréquence, par l'énergie des protestations, la parole des nations derrière la parole des gouvernements, et à forcer le monde, — troublé malgré lui par le souvenir de ses anciens déchirements et de ses anciennes erreurs,—à se confier enfin franchement à l'avenir meilleur dont il est avide.

« La France, à laquelle on s'obstine à prêter des desseins persistants de vengeance ou de conquête, vient de donner à cet égard un grand exemple.

« PLUS DE GUERRES! tel est le cri qui, dominant tous les dissentiments et toutes les divisions, vient de sortir en même temps, de l'aveu de tout le monde, de toutes les urnes électorales.

« Que ce cri soit le nôtre. Que ce soit le cri de tous ceux qui, sur la surface du globe, savent comprendre que le temps de la responsabilité individuelle est venu. Et que, devant cette proclamation incessamment renouvelée du *Suffrage universel de la Paix*, il n'y ait plus place désormais, chez toutes les nations, que pour l'émulation féconde de la liberté, de la justice et du travail. »

M. le secrétaire ajoute:

« Cette pièce, Mesdames et Messieurs, est à votre disposition, comme on vient de vous le dire, en autant d'exemplaires que vous le désirerez. Nous vous supplions de ne pas être trop discrets (*sourires*).

« Emportez-la, revêtez-la de votre signature et faites-la revêtir des signatures de vos amis en leur demandant de faire de même. C'est comme un scrutin permanent que nous ouvrons; à vous de faire qu'il ne soit pas illusoire.

« Le comité vous recommande encore à cette occasion la formation de nouveaux comités locaux ou tout au moins des échanges fréquents de correspondance de la part des membres zélés de province et de l'étranger. Nous ferons toujours de notre mieux pour leur prouver notre gratitude.

« Nous vous conjurons aussi d'emporter des listes de souscription, vous en trouverez dans la pièce voisine. L'argent, vous le savez, est le nerf de la Paix aussi bien que de la guerre, et il faut savoir en demander. Vous voudrez bien nous renvoyer les adhésions et les cotisations que vous aurez pu obtenir, afin que nous ayons, l'an prochain, de plus grands comptes à vous rendre et de meilleurs succès encore à enregistrer. Il dépend de vous, encore une fois, que nous ne soyons pas seulement le faisceau déjà puissant que nous sommes, mais l'irrésistible et invincible faisceau du monde entier. »
(*Marques générales d'assentiment.*)

La séance est levée à cinq heures trois quarts. Un grand nombre de personnes, avant de quitter la salle, viennent serrer la main des orateurs. Beaucoup en se retirant, emportent des brochures et des listes de souscription, et déposent en même temps leur offrande aux mains de l'agent de la Ligue.

APPENDICE

Comme l'an dernier, nous joignons au compte-rendu de
l'Assemblée générale de 1869 un certain nombre de documents de nature à intéresser le lecteur ami de la Paix.
Forcé de faire ce choix parmi un très-grand nombre de
pièces, nous réclamons l'indulgence de tous, à commencer
par ceux auxquels nous n'aurions pas fait la part qui leur
serait due. L'indulgence doit être la première qualité de
nos amis ou auxiliaires.

Nous regrettons aussi de ne pouvoir mieux classer et
coordonner ces extraits: pour quelques-uns, leur date est une
excuse suffisante. Ce ne sont d'ailleurs que des pièces
que nous communiquons à qui de droit, sauf à chacun à les
apprécier ou à en tirer tel parti qu'il croira convenable ;
notre rôle ici se borne à recueillir et à reproduire.

TOAST *de M. A. Chenevière*, vice-président de la Confédération Suisse, au banquet offert aux Commissaires des différentes puissances à la suite des conférences de 1868.

MESSIEURS,

« Mes compatriotes réunis ici me permettront, sans doute
de les oublier pendant quelques instants, pour souhaiter
plus particulièrement une cordiale bienvenue parmi nous,

à ceux de nos hôtes qui sont étrangers à ce pays, et les remercier d'avoir accepté ce soir notre hospitalité.

« C'est un grand honneur pour notre cité d'avoir donné son nom à la Convention du 22 août 1864.

« C'est encore un honneur pour elle d'accueillir de nouveau dans son sein les représentants des gouvernements désireux de consolider et d'étendre l'œuvre inaugurée il y a quatre ans.

« Il est donc à peine nécessaire de vous assurer, Messieurs, que tous nos vœux vous accompagnent dans vos travaux, afin que vous puissiez leur donner une issue conforme à l'une des exigences les plus impérieuses de l'humanité.

« Qu'il est digne, en effet, de sollicitude, ce soldat, si modestement indemnisé, qui, la nuit et le jour, sur terre et sur mer, est prêt à partir pour une destination parfois inconnue et à suivre en tous lieux la fortune de son drapeau, symbole et représentant de sa patrie. Puis un jour vient où, comptant sur son héroïsme, vous lui confiez, au péril de sa vie, la garde de cette bannière : et voilà ce soldat qui, à la voix de ses chefs, se précipite sans hésitation dans la mêlée, là où la fusillade et la baïonnette trouent les rangs, là où la mitraille fait rage, là où la mort n'a pas le temps de compter ses victimes.

« N'est-ce pas un droit pour ce héros de l'honneur et du devoir d'espérer que, s'il est mutilé, il trouvera, soit auprès des siens, soit même au delà des phalanges adverses, une légion bienfaisante dont il devient l'ami et qui l'entoure de ses soins, aux yeux de laquelle il n'existe ni vainqueurs ni vaincus, et qui ne connaît qu'une cause à défendre : celle de l'humanité, qu'une gloire à recueillir : celle de se dévouer, et qu'un triomphe à remporter : celui de disputer des vies à l'enjeu sanglant des batailles ?

« Voilà pourquoi les sympathies pour la Convention de Genève sont vivaces et profondes dans notre Suisse, quoique, grâce à sa neutralité traditionnelle, elle soit fondée à espérer que ses ressortissants ne seront pas dans le cas d'en invoquer les bienfaits.

« *Et cependant, Messieurs, il est une autre ambition que nous avouons ouvertement, et qui tient dans nos cœurs un place plus large encore que celle de la Convention de Genève.*

« Cette ambition, pour être satisfaite, demande que toutes ces précautions, tous ces apprêts soient rendus vains et superflus, par le maintien prolongé de la paix.

« *Oui, la paix! c'est le vœu de la Suisse, c'est le nôtre*; et, quoique vos travaux soient en vue des combats, *c'est le vôtre aussi*, Messieurs: il me suffit donc de l'énoncer, et c'est dans ces sentiments que je vous propose un toast.

« A LA PAIX ! en l'honneur des éminents délégués des puissances qui sont réunis dans ce moment à Genève pour atténuer à l'avenir les maux inséparables de la guerre. »

Il convient de rapprocher de cette remarquable allocution les deux *discours du* ROI DE PRUSSE aux membres de la Conférence de Berlin, dans lesquels le roi a exprimé si vivement, en son nom et au nom de la Reine, le vœu que les institutions de secours internationaux ne fussent jamais appelées à fonctionner.

Mentionnons aussi à cette occasion le livre de M. L. de Cazenove, secrétaire général du Comité de Lyon de la Société de Secours: LA GUERRE ET L'HUMANITÉ AU XIXᵉ SIÈCLE.

L'auteur, qui pourtant n'ose croire encore « à la réalisation des espérances des *amis de la Paix*, » déclare que « ni la peste, ni le feu, ni l'eau, ni la famine, ne peuvent être comparés au fléau de la guerre »; et il ajoute que « l'avenir qui appartient à l'internationalité pacifique, verra s'établir le règne de la paix. » Mais il faut, dit-il, « y concourir tous

par nos efforts énergiques et persévérants. Le principe sacré du respect de la vie finira par pénétrer dans l'esprit de
toutes les races du Globe. »

M. G. Moynier, président du comité genevois et de la *Société d'Utilité publique de Genève*, dit pareillement, dans son
étude sur la *Neutralité des Militaires blessés* :

« Chaque fois que l'on met un frein à la fureur des com-
battants, on proteste implicitement contre la guerre elle-
même. Les peuples sauvages ou barbares, qui ne la considèrent pas comme un acte répréhensible, la font à outrance
et cèdent sans arrière pensée à leurs instincts brutaux,
tandis que les nations civilisées, cherchant à l'humaniser,
confessent par là même que tout ce qui s'y passe n'est pas
licite. Entrer dans cette voie c'est faire un pas décisif, qui
engage sur une pente glissante où il est impossible de
s'arrêter ; elle ne peut pas ne pas aboutir à la condamnation
de la guerre d'une manière absolue. En effet, à mesure que
la conscience publique s'éclaire, elle devient plus délicate
et réprouve certains actes qu'elle acceptait précédemment,
parce qu'elle ne comprenait pas leur caractère immoral et
que le préjugé les lui faisait considérer comme nécessaires.
Or du moment qu'elle a ouvert les yeux et commencé son
œuvre réformatrice, il est inadmissible qu'elle ne finisse
pas tôt ou tard par découvrir que l'usage de s'entre-tuer,
même entouré de tous les ménagements imaginables, est la
plus grande des énormités, et qu'elle ne déclare pas qu'il
faut y renoncer. Si nous n'en sommes pas encore là, il est
du moins bien évident que nous y tendons et que les générations futures assisteront à la disparition graduelle de la
guerre. Une logique infaillible le veut ainsi. Nous nous y
acheminons à pas lents, mais en attendant que nous ayons
atteint le but, applaudissons à tout ce qui nous en rapproche
comme à un progrès.

« La Convention de Genève marque une étape nouvelle sur le chemin qui y conduit ; elle mérite *à ce titre encore* toutes nos sympathies. »

On nous pardonnera de reproduire, à la suite de ces remarquables passages, les réflexions suivantes, extraites d'une conférence faite en novembre 1864 à Montpellier, et dans laquelle nous avions mentionné en passant le récent TRAITÉ DE GENÈVE, destiné, disions-nous, à tenir « un jour une plus grande place dans l'histoire que les traités de Ryswick, de Westphalie ou d'Utrecht ».

« Évidemment cette grande œuvre n'en restera pas là. C'est beaucoup de respecter les autres après la lutte et d'abjurer, en présence de la douleur et de la mort, tout ressentiment et toute haine. Mais ce sera plus encore de contenir et de réprimer ces sentiments avant qu'ils n'éclatent, et d'éviter le mal pour n'avoir pas à le réparer ou à l'atténuer. Ces hommes et ces femmes, venus d'un même mouvement des extrémités de l'horizon pour « adoucir les maux inséparables de la guerre, » ne pourront, après avoir vu ce que sont ces maux, manquer de se dire que le plus sûr et le moins onéreux de tous les adoucissements serait d'adoucir la guerre elle-même, en la rendant plus rare et plus difficile. Et quand ils auront, au prix de mille dangers et de mille fatigues, imparfaitement séché en commun les larmes et étanché le sang sur les champs de bataille et dans les hôpitaux, ils reviendront, soyez-en sûrs, dans leurs villes et dans leurs villages continuer plus paisiblement et plus efficacement leur œuvre, en travaillant en commun à prévenir les larmes et à arrêter le sang. Ils auront contemplé la guerre à l'œuvre ; ils sauront ce que vaut la paix ; et ils sauront le faire comprendre enfin à ceux qui l'ignorent ».

Conférences sur l'introduction de la méthode des salles d'asile dans l'enseignement primaire, faites aux instituteurs réunis à la Sorbonne à l'occasion de l'exposition universelle de 1867, par Mme MARIE PAPE-CARPENTIER, inspectrice générale des Salles d'asile, déléguée pour l'instruction du personnel.

Nous extrayons de cet excellent ouvrage, les passages suivants, dont l'importance n'a pas besoin d'être expliquée.

« Il faut semer le blé dans les champs. Mais comment travaille-t-on la terre ? la bêche-t-on? (l'enfant des villes ne sait pas encore ces choses). Comment ouvre-t-on le sein de la terre pour y déposer la semence?

« — On l'ouvre avec un grand couteau. Oh ! ce n'est pas un couteau de table, bien sûr ; c'est un couteau fait exprès pour labourer les champs. Le voici : on l'appelle une *charrue*. »

(Mme Pape montre une petite charrue sans roues ni accessoires.)

« On fait voir et distinguer à l'enfant les différentes parties de cet instrument, on les lui nomme ; on lui explique comment le soc de la charrue, enfoncé dans le sein de la terre, y trace un sillon en la rejetant à droite et à gauche.

« A ce sujet, il faut que je vous raconte une chose qui vous surprendra et, je l'espère, vous affligera, comme elle m'a surprise et affligée moi-même. Hier, lorsque je suis entrée dans un magasin de jouets pour me procurer une charrue, la marchande m'a demandé :

— « Qu'est-ce que cela, une charrue ? »

« Comprenez-vous ? *qu'est-ce qu'une charrue ?...* A Paris, au cœur de la civilisation, ne pas connaître, même de nom, la charrue, l'alpha et l'oméga de toute civilisation !... Oui, je le répète, on ignore, à tous les âges, une foule de choses dont nous ne nous doutons pas. De là des lacunes effrayantes !... Il est donné aux leçons-de-choses d'y remédier dans une notable partie. Cette certitude suffit pour nous engager à l'essayer de toutes nos forces.

« Revenons à notre sujet.

« Mais comment parvenir à labourer les champs ? Elle est bien dure la terre ! Les forces de l'homme n'y suffiront pas.

— « Comment ? Dieu ne nous a-t-il pas donné des amis pour nous aider ? les bons amis que voici. »

(Mme Pape présente une paire de petits chevaux attelés à un avant-train sur lequel elle pose le timon de la charrue. Un murmure de gaieté se fait entendre dans toute la salle. Mme Pape, y faisant allusion, ajoute :)

« Jugez donc quels seraient votre joie et votre intérêt si vous étiez encore des petits enfants !

« Oui, les voilà, ces amis vaillants et dociles, qui prêtent leur force à l'homme, labourent pour lui, tirent à eux seuls non-seulement le poids de la charrue, mais le poids de la terre sèche qu'il faut ouvrir profondément. Et ces amis, que Dieu nous a donnés, non-seulement sont plus forts que les hommes, mais ils sont plus dociles, et moins exigeants. Ils ne demandent pour prix de leurs efforts, parfois bien pénibles, qu'un peu de paille ou de foin, une poignée d'avoine, des soins réguliers et de la douceur, c'est-à-dire ce qui est de la plus stricte justice.

« Aussi je pense que nous devons bien les aimer, ces généreux et fidèles amis ; que nous ne les frappons jamais,

que nous ne les maltraitons pas, que nous ne les surchar-
geons pas. Car si nous leur donnions une tâche au-dessus
de leurs forces, nous serions des insensés. Nous épuise-
rions ces forces précieuses que Dieu a mises à notre service.
Et si nous frappions les animaux, si nous les maltraitions,
nous serions plus que des insensés, nous serions des ingrats ! Et vous savez ce que disait un poète anglais, lord
Byron : *Tous les vices sont des vertus à côté de l'ingrati-
tude !*

« Mais ne trouvez-vous pas que tout cet appareil, avec son
attelage, ses deux roues, cet objet unique porté sur un
avant-train, ressemble à quelque chose qui n'est point une
charrue ?..... Cherchez... rappelez-vous si vous n'avez rien
vu qui ressemble à ceci ?... Vous trouvez ?... Mais vous n'êtes
pas sûrs... Mais oui, c'est cela ! »

(Mme Pape enlève rapidement le soc porté sur l'avant-train, le
remplace par un petit canon et ajoute :)

« Oui, *ceci* ressemble à une charrue, mais ce n'est point
une charrue : *c'est un canon !!*... Quelle différence, n'est-ce
pas ? La charrue nourrit, — le canon tue ! Les champs où
passe la charrue sont des champs de blé,— ceux où passe
le canon, des champs de carnage. Enfin, la charrue, c'est
la paix ; le canon, c'est la guerre !

« Ah ! si la paix existait partout ; à l'asile, à l'école, dans la
rue, au foyer paternel ! Si les enfants grandissaient sous son
influence tutélaire, en contractaient la douce habitude, s'en
imprégnaient pour ainsi dire dans leur cœur, dans leur caractère, dans leur vie tout entière, ce fléau de la guerre
disparaîtrait bientôt. Il s'évanouirait par l'extension de la
concorde universelle. La paix, la concorde ne devraient-
elles pas être l'atmosphère de l'enfance ? Mais au contraire,
nous leur donnons le triste exemple de nos dissensions, de
nos disputes, de nos rivalités, petites ou grandes. Et comme

si ce n'était pas assez des réalités pour les pousser à la discorde, nous leur donnons pour jouets, des canons !...

« Ah! messieurs, unissons tous nos efforts pour substituer, à cet esprit de guerre, l'esprit de paix qui est l'esprit de Dieu! et pour hâter le jour où les marchands de jouets demanderont, non plus comme aujourd'hui: qu'est-ce qu'une charrue? mais: *qu'est-ce qu'un canon?...* »

Ailleurs — *Histoires et leçons explicatives*, p. 81, à propos de la hyène, le même auteur écrit ce qui suit:

« On dit que dans certains pays elles suivent les armées en marche, pour déterrer les morts sur les champs de bataille. »

— « Alors les hyènes doivent aimer beaucoup la guerre, dirent les enfants. »

— « Ah! mes enfants, elles en sont bien dignes; car la guerre est une hideuse chose! Quand on est attaqué on est bien obligé de se défendre; mais malgré tout je vous le dis, tout vieux soldat que je suis, c'est affreux de voir des hommes s'entr'égorger, au lieu de s'aimer et de s'entraider les uns les autres, selon la volonté de Dieu. En définitive le carnage n'a jamais donné raison à personne; et les bêtes féroces, les oiseaux de proie sont les seuls à s'en réjouir. »

Les dix articles de Paix [1].

I

« Par le poing, le bâton, la lutte,
Vouloir avec autrui trancher un différend,

[1] Imité de l'allemand, de madame Fanny Lewald-Stahr.
Ces vers nous ont été envoyés, avant notre séance du 24 juin, par l'auteur, M. Léon Halévy : nous saisissons cette occasion de l'en remercier et de les faire connaître.

C'est s'abaisser jusqu'à la brute,
D'homme c'est abdiquer le rang.

II

« Or, ce qui pour un seul est chose abjecte et vile,
Un acte justement flétri,
Ne l'est pas moins pour cent, pour mille, pour dix mille ;
De tout cœur humain c'est le cri !

III

« Ce pugilat, qui déshonore,
N'est-il pas plus atroce et plus sauvage encore,
Si c'est l'ordre d'un tiers qui prescrit le combat ?..
Et si, pour son seul avantage,
Vous frappez, vous tuez, sans motif, sans outrage,
Quel plus exécrable attentat ?

IV

« Deux hommes, sous nos yeux, fous de rage et de haine,
Vont se meurtrir avec fureur,
A quel témoin de cette indigne scène
Viendra-t-il dans l'esprit d'admirer le vainqueur ?

V

« Pourquoi donc l'exalter, quand les mères frémissent,
Quand, à l'appel d'un conquérant,
Des frères par milliers iront s'exterminant,
Et, pour des intérêts que souvent ils maudissent,
A grands flots répandront le sang ?

VI

« Deux hommes, corps à corps décidant leur dispute,
Demandent-ils au ciel d'intervenir pour eux ?
Penseront-ils que Dieu s'intéresse à leur lutte,
Et bénit leurs poings musculeux ?

VII

« De stupide blasphème ou de folie étrange
    Chacun n'accuserait-il pas
    Ces deux héros qui dans la fange
Invoqueraient le Dieu des pugilats?

VIII

« Qu'ils soient dix, qu'ils soient vingt, s'alignant dans la rue
    De chaque côté du ruisseau,
« Fous ou blasphémateurs ! » dira la foule émue,
S'ils demandent à Dieu d'assister dans sa nue
    L'un ou l'autre du vil troupeau !

IX

« Quel nombre faut-il donc pour que ce divin maître,
    Que vous appelez Dieu d'amour,
    En arbitre daigne apparaître
Dans la plaine où le sang va couler tout un jour,
    Ou dans l'ignoble carrefour?

X

« L'infini, l'éternel, c'est sa divine essence ;
    Il pèse tout dans la même balance,
    Et pour lui le nombre n'est pas.
L'hymne d'amour, de paix, voilà l'encens qu'il aime !
L'invoquer, l'honorer comme Dieu des combats,
    N'est-ce pas le même blasphème
Que si vous le nommiez le Dieu des pugilats ? »

La même idée se retrouve, sous une forme piquante, dans le sonnet suivant, improvisé à Anvers, à l'issue d'une conférence sur la guerre, par l'un des auditeurs, M. Du Bois.

« Quand un homme tue un autre homme,
C'est bien *assassin* qu'on le nomme

Cent mille hommes en font autant,
Ce sont des *héros* à l'instant.

« Tout ça pourquoi ? pour une pomme,
Une paille, un ruban ; en somme
Quelque glorieux différend
Dont on rit sitôt qu'on s'entend.

« Mais quand viendra-t-on à s'entendre,
Sans d'abord se vouloir apprendre
La raison sous forme de coups ?

« N'est-il pas bien temps qu'on supprime
Ce qui nous mange ou nous opprime :
Les conquérants comme les loups ? »

Voici encore une pièce, qui nous a été adressée le jour même de notre assemblée générale. Il nous a semblé qu'elle ne devait pas être perdue pour nos amis.

Chant de guerre

Air des missionnaires de Béranger :

« Aux armes ! les temps sont à nous,
  Dans l'air quel souffle étrange !
La terre a soif de sang ; et vous,
  Le sabre vous démange.
  La paix, trop longue saison
  A mûri notre moisson.
  Allons, faisons la guerre,
Envahissons, tuons, morbleu !
  Partageons-nous la terre,
  Par le fer et le feu !

« Le Christ a dit : ne tuez point;
    Parole puérile !
De Maistre édicta comme appoint
    Son nouvel Évangile.
    Que sur toute nation
    Plane la destruction !
    Allons, faisons la guerre, etc.

« Échanges et féconds travaux
    A la paix leur font croire;
Divisons-les par deux grands mots:
    Patriotisme et gloire !
    Chaque peuple ramassant
    Son baptême dans le sang,
    Allons, faisons la guerre, etc.

« Comme ils croissent, riches, heureux,
    Quand la guerre sommeille !
Mais que, dans ce champ plantureux,
    La mort fera merveille,
    Quand lèveront leur impôt
    Mitrailleuse et chassepôt !
    Allons, faisons la guerre, etc.

« La force restaure son droit
Respect, justice, arrière !
Loi suprême, tout peuple doit
Reculer sa frontière,
Il ne faut dans les États
Que des armes, des soldats,
    Allons, faisons la guerre, etc.

« Le diable ainsi nous engageait,
    L'humanité trompée,
Rêvant de batailles, changeait

La charrue en épée ;
Le travail à chaque effort
Forge un instrument de mort.
　　Eh bien ! faites la guerre !
Envahissez, tuez, morbleu !
　　Ne laissez sur la terre
　　Que le fer et le feu ! »

Nous aurions voulu reproduire aussi, en partie au moins, la belle pièce de vers composée l'an passée pour l'inauguration de l'exposition internationale du Havre ; nous n'avons pu réussir à la retrouver, et nous en avons vainement cherché l'auteur. Nous espérons être plus heureux pour une autre publication. En attendant nous faisons suivre le *Chant de Guerre* de juin 1869 d'un *appel à la Paix* déjà ancien et trop peu connu, que nous extrayons des *Chants du Travailleur*. Nous voudrions pouvoir faire passer sur le papier un peu de l'accent avec lequel le chante l'auteur, M. Vinçard aîné.

Appel à la paix

Air du chœur des Soudards (Armingaud).

　　« Enfants du Prolétaire
　　　　Et du Bourgeois,
　　Enfants du Militaire,
　　　　Enfants des Rois !
Rallions-nous, et puis tous à la fois,
　　　　Unis en frères,
　　　　Narguons les guerres,
Et fiers soldats du progrès,

Pour notre foi toujours prêts
. Malgré l'airain et les mousquets,   *bis.*
Chantons la Paix.

« Clairon, tompette,
Faites retraite,
Arrière votre accord;
Le chant des fêtes
De vos conquêtes
Clâme en nos cœurs comme un hymne de mort !
Echo de l'âme,
Accent de femme,
Viens, dans un rhythme auguste et solennel,
Faire applaudir à notre saint appel.
Allons ! gens de labeurs,
Artistes, laboureurs,
Ouvriers et penseurs,
Eternels travailleurs :
Enfants du Prolétaire, etc.

« Le choc des armes
Et les alarmes,
Relentissent en vain ;
Contre l'orage,
Avec courage,
Luttons, luttons, il passera soudain.
A nous les pères,
A nous les mères,
Enfants, vieillards, accourez dans nos rangs,
Et devant vous fuiront les conquérants.
Allons ! gens de labeurs, etc.

Quand la jeunesse
« Vient et caresse

Nos plus riants désirs;
Quand à la vie
Tout nous convie,
Affections, études et plaisirs;
Quand, plein de sève,
Vers Dieu s'élève
Le cœur aimant de l'homme, quoi ! déjà ?
Génie, amour, tout se briscrait là.

Allons ! gens de labeurs, etc.

« Lorsque la Terre,
En bonne Mère,
Bienfaisantes faveurs !
Aux mains calleuses,
Laborieuses,
Donne à foison ses épis et ses fleurs;...
Ardeur impie,
Lâche furie,
Les mêmes mains viendraient, retour affreux,
Ensanglanter un sein si généreux !

Allons ! gens de labeurs, etc.

« Prends ta revanche,
Peau noire ou blanche,
Peuple de tout pays:
Maintiens, sévère
Ton droit de père,
Avec amour veille au sang de tes fils.
A qui l'impose
Dis, quand il l'ose,
Qu'importe l'homme, et le temps et le lieu !
« *L'impôt du sang n'appartient plus qu'à Dieu.* »

Allons ! gens de labeurs, etc.

« Plèbe nombreuse,
Si généreuse
En sublimes transports,
Suis sans relâche
Ta rude tâche;
Un ciel ami protége tes efforts.
Pour Dieu, qui t'aime,
Construis et sème:
Avec la Paix, géant aux mille bras,
Répands, répands la vie à chaque pas.

Allons ! gens de labeurs, etc.

« Mais, ô détresse !
Déjà l'on tresse
La couronne au vainqueur.
Enigme austère,
Sombre mystère,
Pour le bénir s'empresse le Pasteur.
Honteux exemple,
Quoi ! du saint temple
D'un Dieu de Paix et d'amour fraternel,
Caïn maudit, tu souilleras l'autel !

Allons ! gens de labeurs, etc.

« France chérie,
Mère patrie
De tous nobles élans !
Horrible joute,
Écoute, écoute
Le râle affreux des peuples expirants,
Brise tout glaive,
Force à la trêve,
Fais triompher les arts et le travail;
Pilote aimé saisis le gouvernail.

              Allons ! gens de labeurs,
              Artistes, laboureurs,
              Ouvriers et penseurs,
              Eternels travailleurs ;

          « Enfants du Prolétaire
              Et du Bourgeois,
           Enfants du Militaire,
              Enfants des Rois !
      Rallions-nous et puis, tous à la fois,
              Unis en frères,
              Narguons les guerres,
        Et fiers soldats du progrès,
           Pour notre foi toujours prêts
      Malgré l'airain et les mousquets,   *bis.*
              Chantons la Paix. »

N'oublions pas ces strophes, improvisées, pour le banquet
du travail et de la Paix, à Lyon, par M. Goybet, principal de
l'école Lamartinière.

« *Aux Ligueurs de la Paix*

« Les canons ont grondé pendant une journée ;
Des milliers de conscrits, tous frappés par devant,
En lignes sont couchés sur l'herbe piétinée,
Ainsi qu'une moisson que renversa le vent.
Et puis, le lendemain, quand la France s'éveille,
Et demande inquiète où sont tous ses enfants,
On croit la consoler par ces mots triomphants :
    « Le Chassepot a fait merveille »

Grâce à vous, ces canons, qui défoncent nos rues,
De bronze fourniront nos mécaniciens ;
Tout cet acier fera des socs pour nos charrues ;
La France, pour seule arme, a ses miliciens

Donnant l'outil loyal qui féconde la veille,
Et rejetant bien loin un cruel souvenir :
Heureuse enfin, dira le mot de l'avenir :
     Notre industrie a fait merveille »

LE PROGRÈS, *journal de l'éducation populaire, pu-blié par la Société centrale des instituteurs belges* [1] est un des plus utiles et des plus énergiques champions de notre cause. On en jugera par les emprunts ci-après.

N° du 16 mai 1869.

« GUERRE A LA GUERRE. — CHRONIQUE A COUPS DE CISEAUX.

« La guerre est regardée aujourd'hui, par tous les esprits éclairés, comme un reste de barbarie, comme un crime de lèse-humanité.

« De tous les temps, l'abolition de ce fléau a été le rêve de tous les nobles cœurs, de tous les véritables amis de la ci-vilisation et du progrès : tous espèrent que l'instruction et la liberté amèneront un jour la paix générale et perpé-tuelle, qui couronnera l'édifice social.

« Alors « les nations auront cessé d'être divisées en maîtres et en esclaves, en oppresseurs et en opprimés, en exploiteurs et en exploités ; alors l'intérêt individuel n'aura plus à lutter avec l'intérêt général ; alors auront disparu,

[1] Avec ces devises: « Nous tous qui, par nos écrits et par nos paroles, exerçons la profession d'instituteure, nous ne sommes rien autre chose que *l'armée qui détruira les armées.* » — JULES SIMON.

« Combattre l'ignorance, c'est rendre les hommes meilleurs. » — M. PERRAS.

« Guerre à l'ignorance! Paix entre tous les peuples ! — GUILLOT. »

dans une raisonnable répartition des avantages sociaux et des richesses publiques, les innombrables causes d'antagonisme qui subsistent malheureusement chez presque tous les peuples de la vieille Europe ; » alors aussi la science et la morale auront partout vaincu l'ignorance et le vice; alors enfin, sera venu l'heureux temps prophétisé par lord Brougham, où « *l'instituteur, et non plus le canon, sera l'arbitre des destinées du monde.* »

« Les guerres ne sont pas un mal nécessaire, et c'est à l'instituteur primaire qu'il appartient de les rendre impossibles. C'est à lui d'apprendre aux jeunes générations que les hommes, étant tous frères, ne sont pas destinés à s'entretuer ; et que les peuples, pouvant prospérer sans se nuire mutuellement, n'ont aucun intérêt à s'entre-déchirer. La paix et la concorde ne règneront sur la terre que lorsque les populations seront assez instruites et assez moralisées pour ne plus s'entre-détruire au commandement et souvent au seul profit de ceux qui les gouvernent, et lorsque ceux-ci seront assez justes et assez sages pour les diriger sans les exploiter, sans les opprimer.

Ici viennent, avec diverses réflexions, les beaux couplets de Béranger sur *la Sainte Alliance des Peuples,* et quelques pages de M. Max-Veydt, l'humoristique chroniqueur de la *Revue de Belgique,* un peu rabelaisiennes parfois dans la forme, et par trop vives aussi contre un honorable et savant professeur du *Droit des gens,* qui y a bien prêté un peu, à la vérité ; mais étincelantes de verve : on en peut juger par le passage suivant:

« Si l'empereur Napoléon voulait s'amuser, je lui conseillerais d'appeler M. Franck et de lui tenir à peu près ce discours : « Mon cousin, le prince de Monaco, est le plus sage des souverains. Ses fils ressemblent à leur père ; ses petits-fils ressembleront à leur aïeul, je n'en puis douter. Mais, comme tout va de mal en pis dans ce monde, comme au philosophe pacifique Voltaire succède le philosophe guerrier Franck, qui m'assure que, dans quelques siècles, un descendant du prince aujourd'hui régnant à Monaco, ayant par malheur perdu la cervelle, — vous savez, M. le philosophe, que la couronne ne nous garantit pas de ces petits accidents, — ce prince futur de Monaco ne déclare la guerre à mes pacifiques sujets? En prévision de cette agression possible, le parti le plus sage ne serait-il pas d'écraser tout de bon, *hic et nunc*, la principauté de Monaco? » — Je gage que M. Franck répondrait : « Sire ! Votre Majesté est aussi intelligente que sage. Mon meilleur écolier n'aurait pas mieux saisi la pensée de mon livre. Le seul moyen d'empêcher que les Monacos nous fassent *jamais* la guerre, c'est, comme je l'ai écrit et démontré dans ma *Morale*, de les détruire à l'instant et sans remise.» L'empereur rirait sans doute de M. Franck et de sa morale, mais il aurait tort. »

Le *Progrès* reproduit ensuite le beau morceau que, sous le modeste titre « d'*opinion d'un Maître d'école sur la guerre* », M. Jules Simon place dans la bouche d'un vieil instituteur français, « soldat de la paix » et victime de la belle mais pénible mission à laquelle il a voué sa vie ; et des pages narquoises et charmantes de M. About. Nous serions inexcusable de manquer une occasion de donner de nouveaux lecteurs à ces excellentes choses.

« Je ne suis qu'un pauvre maître d'école ; j'ai cinquante ans ; il y a trente ans que j'exerce dans le même village. J'aurais pu faire meilleure figure dans le monde, car mon père m'avait donné une bonne éducation ; mais j'ai cru que le meilleur moyen de me rendre utile était d'embrasser la carrière d'instituteur, et je n'ai pas même hésité. J'avoue que je l'ai regretté bien des fois, et qu'aujourd'hui je suis inquiet pour moi-même. Je perds les yeux ; quand je quitterai mon école avec 120 francs de retraite, je serai obligé de demander, comme suprême faveur, d'entrer dans un dépôt de mendicité. Une chose me console : j'ai eu la prudence de ne point me marier. Je serai seul à souffrir.

« Tous mes plaisirs et tous mes chagrins pendant ces trente années, je les ai dus à mes élèves. Je les ai aimés comme une famille. Quand je les punissais, j'avais toutes les peines du monde à m'empêcher de pleurer; je n'y tenais plus le jour de la distribution des prix, et je pleurais comme les mères. M. le curé se moquait de moi. Une fois sortis de l'école, les enfants m'appartenaient toujours; je ne pouvais voir en eux que mes écoliers; il y en a que je tutoie encore, et dont j'ai élevé toute la petite famille. Une chose que je ne me lasse pas d'admirer, et qui a contribué par dessus tout à me donner du courage, c'est la rude mais profonde tendresse des mères. Nous n'avons pas ici, dans nos landes, de vos délicatesses et de vos raffinements ; nos paysans et nos paysannes, qui sont très-durs pour eux-mêmes, frappent quelquefois leurs enfants, et ne leur demandent qu'une chose, c'est de tirer le plus grand parti possible de l'argent que coûte l'école.

« Avec cela, j'ai vu des femmes se retirer le pain de la bouche pour payer un médecin ou acheter un remède; j'en ai vu s'accoutumer peu à peu à manger moins qu'elles n'auraient dû et se réjouir en disant : « le petit va à l'école. » L'enseignement est gratuit dans la commune, mais seulement depuis 1866, et les fournitures en livres, papier, encre, crayons, etc., qui restent à la charge des familles, montent bien à 12 ou 15 francs par an. Et puis, il y a grande dépense : nourrir et entretenir un enfant de dix à treize ans qui ne gagne rien !

« J'entends toujours les parents qui ont plusieurs enfants jurer qu'ils les aiment tous également : ce n'est pas toujours vrai; ils le disent pour se le faire croire à eux-mêmes, parce qu'ils sentent que c'est leur devoir.

« Je faisais un peu comme eux : mais à présent, que je vais quitter le métier, je reconnais que j'ai toujours eu une prédilection pour les plus pauvres. Cela vient peut-être de ce que j'étais le confident des sacrifices que s'imposaient leurs mères. Il faut dire que nous n'avons pas de médecin, et que j'avais appris à saigner et à poser une compresse. Quand on a passé des nuits pour veiller un enfant malade, quand on a tremblé de le voir mort ou estropié, quand on a pleuré en secret sur ses premières fautes et mis tout en œuvre pour le ramener au bien, il est impossible de ne pas l'en aimer davantage. Il n'y a rien qui attache plus fortement les cœurs que les peines et les sacrifices.

« Nous avons beaucoup de pauvres ici ; mais les pauvres ne sont pas trop pauvres. On les emploie comme journaliers sur les chemins ou au service des laboureurs pendant la moisson. Ils ne mangent de pain que deux fois par semaine; mais ils ont des pommes de terre, des chataignes, du petit lait, quelquefois un morceau de lard qu'on leur donne quand les riches se marient. En somme, ils s'aiment entre eux et ils aiment leur pays. La grande inquiétude, pour les garçons, c'est le tirage au sort. Il faut voir les pauvres mères, quand leur fils est sous la toise. Elles ont pourtant bien eu du plaisir à le voir grandir! A présent, elles le voudraient tout petit; elles regrettent les soins qu'elles ont pris pour le guérir d'une infirmité qui, peut-être, serait une cause d'exemption. Le maire, qui a été officier, à ce qu'il dit, (je crois plutôt qu'il a été sergent), leur promet que les garçons auront toujours deux bonnes chemises dans leur sac, avec une paire de souliers de rechange et un manteau pour l'hiver, qu'on leur donnera un pain de trois livres pour deux jours, de la soupe avec du bœuf, matin et soir, du *rata* une fois par semaine, et 35 centimes d'argent de poche tous les cinq jours. Cela ne les console pas de les quitter, et de penser que, quand ils reviendront au pays au bout de cinq ou six ans, ils ne sauront plus rien aimer de ce qu'ils y retrouveront, pas même leurs mères.

« Je lis assidûment les débats de la chambre des députés dans le *Moniteur* ; c'est le plus clair revenu de ma place de secrétaire de la mairie, et je crois que si je vivais dans un pays moins isolé et moins pauvre, je m'intéresserais aux questions générales et à la grande politique ; les discours de M. Jules Favre et de M. Pelletan m'ont souvent fait battre le cœur. Pourtant, ce qui m'intéresse le plus, c'est la discussion de l'impôt, et surtout de l'impôt du sang. Le reste n'est, pour nous autres campagnards, que de la théorie; mais l'impôt d'argent, l'impôt du sang, c'est de la pratique. Il faut entendre les femmes qui ont des enfants de vingt ans. — « Combien prend-on d'hommes cette année ? » — « On en prendra douze. » — « Il n'en fallait que dix l'an passé? » — « Il y a vingt ans, on en prenait que six ! »

« Moi qui enseigne la géographie et qui prends, tous les jours, mes deux repas devant une carte murale de l'Europe, je sais que l'Allemagne se compose de quarante États, dont quelques-uns n'ont guère que la dimension d'une bourgade ; je sais que la Prusse et l'Autriche se disputent la suprématie sur tous ces petits États, et que les gens de bon sens aimeraient mieux supprimer ces divisions ridicules, et faire de toute la patrie allemande une seule république. Je crois que cette république se fera, et que, quand elle sera faite, elle sera pour nous une bonne et fidèle alliée ; au contraire, le roi de Prusse et l'empereur d'Autriche auraient été des voisins dangereux, s'ils n'avaient été constamment et nécessairement occupés l'un de l'autre. A présent que, par la bataille de Sadowa, le roi de Prusse a conquis, pour quelque temps du moins, la supériorité, on peut craindre qu'il ne veuille tourner ses armes contre nous, et qu'il ne se soit rendu si fort dans son pays que pour avoir plus de chances de nous battre. Je n'en crois pas un mot, pour ma part ; je trouve que M. Garnier-Pagès et M. Havin ont démontré à merveille qu'il avait intérêt à nous laisser en repos. M. Rouher est de notre avis, quand on argumente sur les traités de commerce, mais il est de l'avis contraire quand on discute sur le budget et sur l'emprunt. Il avoue alors qu'il a compté avec le maréchal Niel qu'il nous fallait 800,000 hommes sous les drapeaux et 400,000 hommes de garde mobile pour être tranquilles du côté sde la Prusse. En vertu de ce raisonnement, — si par malheur il était juste, — ce ne serait ni M. Rouher, ni M. Niel, ni aucune autre personne, ni surtout la chambre des députés, qui réglerait l'impôt d'argent et l'impôt du sang en France: ce serait M. de Bismark; et s'il lui prenait fantaisie d'augmenter encore son armée l'année prochaine, nous serions obligés, coûte que coûte, de pousser la nôtre jusqu'à 1,500 et 1,600 mille hommes. Il n'y a pas de limite à cela : M. de Bismark peut nous envoyer tous à l'armée, pourvu que le roi de Prusse y consente. Il peut, du même coup, achever de nous ruiner, d'abord en augmentant démesurément notre budget de la guerre qui, avant la récente augmentation de l'armée ne s'élevait pas à moins de 439,005,057 francs, et ensuite, en privant de tous les ouvriers valides l'agriculture et l'industrie, qui déjà n'en ont pas assez. Je puis faire ces réflexions et bien d'autres, parce que je suis un demi-savant; mais nos bonnes femmes n'ont jamais entendu parler du roi de Prusse, ni de l'empereur d'Autriche, ni de la principauté de Kniphausen. Elles ne savent pas le nom de M. de Bismark, ni même, j'en ai bien peur, celui de M. Rouher. Elles savent seulement, à n'en pas douter, qu'il n'y a cette année, dans la commune, que douze garçons de vingt ans propres au services, et qu'on les prendra tous les douze.

« Mais, quand ils seront tous partis et qu'on leur aura mis au lieu de leur blouse, une tunique bleue à collet rouge, avec des buffleteries au travers du corps et un plumet sur la tête, s'il prend fantaisie à un ministre d'augmenter son influence, ou à un prince d'affermir sa dynastie en se jetant sur les Etats voisins, c'est alors que les pères et les mères vont souffrir de cruelles angoisses; c'est alors qu'on lira les gazettes jusque dans les derniers villages pour savoir s'il y a eu bataille et quel est le nombre des morts. On parle du choléra; mais la peste et le choléra viennent nous chercher, tandis qu'on appelle nos malheureux enfants, qu'on met en réquisition tous les chemins de fer dans les deux Etats pour amener sur un même point, à une immense tuerie, le plus grand nombre d'hommes jeunes et vaillants. Ils seront là peut-être un million traînant des canons, portant des fusils chassepot, comme Jésus portait sa croix en montant au Golgotha. Ils ne sauront pas pourquoi ils se battent; et s'ils le savaient, ce serait encore pis : car ils comprendraient qu'ils n'y ont aucun intérêt, ni les uns ni les autres. Ils entreront par un beau soleil dans ces plaines couvertes de moissons, de forêts et de villages. Tout-à-coup les canons et les fusils commenceront leur jeu; et si on en croit le maréchal Niel, qui est un brave général et qui s'y connaît, tous les hommes à portée du fusil chassepot tomberont. Ce serait bien pire qu'en Crimée, où on n'avait pas encore de chassepots, et où nous avons perdu 90,615 hommes sur 309,268, c'est-à-dire à peu près 1 sur 3. Il n'y a pas d'art qui fasse des progrès aussi brillants que l'art de tuer. On demande ce qu'accomplirait aujourd'hui Napoléon 1er, qui a gagné tant de meurtrières batailles, et qui n'avait à sa disposition que des canons ordinaires et des fusils à silex.

« Je suis allé à Paris, avec un grand nombre d'instituteurs, en 1867. J'ai visité, à l'exposition, une petite salle où M. Duruy avait fait ranger quelques pages d'écriture, des broderies confectionnées dans les écoles de demoiselles et les livres de classe édités par deux ou trois grandes maisons de librairie. J'ai entendu à la Sorbonne, comme c'était mon devoir, des leçons faites par quelques conseillers d'État pour nous apprendre à tenir nos écoles dans nos campagnes. Vous jugez bien que j'ai profité de mon voyage, le seul que j'aie fait en ma vie, pour visiter le musée du Louvre. Il y avait là un tableau, qui n'est pas le plus beau de tous, qui est très-beau cependant, et qui m'attirait malgré moi.

« C'est le champ de bataille d'Eylau, après la bataille. Les voilà tous, ces jeunes, ces vaillants, hier encore si pleins de vie et si superbes; les voilà morts, mutilés, entassés dans le sang et la boue, couchés le long des fossés et des sillons, étalant à perte de vue un horizon de cadavres, et déjà portant au loin, dans ces lourds et sinistres nuages, la peste qui s'exhale des vastes amas de chairs putréfiées. Où est le héros? Car il y a toujours un héros pour une bataille, et il faut que le héros soit bien grand, quand il y a tant de morts. Il est là sur le premier plan, à cheval, presque seul, saluant les victimes, consterné de sa gloire. La tête est sublime. Gros n'a pas osé y mettre le remords. Cette œuvre plut aux courtisans et au maître, qui ne surent pas comprendre. Le peintre lui-même ne comprenait qu'à demi. On commençait à maudire la guerre: on n'en était pas, comme à présent, au mépris et à l'horreur.

« Si je voulais guérir un partisan de la guerre, — puisqu'il paraît qu'il en reste, — je ne le mènerais pas devant ces horribles charniers que le pinceau ne peut reproduire, et qui font reculer l'imagination; je le conduirais à deux pas de chez moi, dans cette chaumière, où il est né, ce beau soldat dont le corps vient d'être coupé en deux par un boulet, où il a grandi, où il a souffert, où il a été, pendant vingt ans, le lien, la consolation et les délices de deux vaillants

cœurs; et je lui dirais — à cet amateur de batailles, à ce
fervent de la grandeur militaire, à ce patriote, à ce glorieux, à ce poète, — de lire sur ces deux visages la
condamnation de son crime.

« J'ose à peine avouer, moi qui n'ai pas d'enfants, que,
quand je fais ma classe, depuis la loi de l'année dernière, il me passe devant les yeux comme des visions
de fusils Chassepot, et que je me prends à me demander
pour qui donc, moi et les 40,000 instituteurs mes confrères,
nous nous tuons à faire des hommes, et à leur apprendre
le secret de la liberté et de la vie.»

« Eh bien, amis lecteurs, qu'en dites-vous? » ajoute le
Progrès. Qu'en dites-vous, répétons-nous avec lui. Et que
dites-vous de ceci ?

« Je le demande à ceux et à celles qui se sont donné la
peine d'élever un enfant, » dit *M. Edmond About*, dans le
Gaulois, « y a-t-il *rien de plus bête et de plus monstrueux
que la guerre* !

« Le jour de la naissance a été un jour de supplice ; des
cris désespérés ont retenti dans le voisinage, et figé tout
ce qu'il y avait de moelle humaine aux environs. Enfin un
vivant de plus est sur la terre, il est parfaitement constitué,
et pour comble de joie, c'est un garçon, c'est la promesse
ou du moins l'espérance d'un homme! On s'embrasse, on
s'émeut, on pleure; les parents se dévouent par avance.
Dès demain, la mère l'allaitera du meilleur de son sang; dès
aujourd'hui, le père va travailler une heure de plus, donner
un coup de collier supplémentaire, pour que le nourrisson
ne manque de rien.

« Il grandit, et les affections qui l'enveloppent vont croissant avec lui. Son premier sourire, sa première dent, sa
première parole, mettent la famille en fête, la maison s'il-
lumine et resplendit aux premières lueurs de sa jeune in-

telligence. C'est un événement quand il sait lire, c'est une gloire quand il gribouille sa première page ou bredouille son premier compliment. Le voilà presque adolescent ; on pense à lui choisir un état, car la famille n'est pas riche. On tâte sa vocation, on surveille son apprentissage, on lui garde comme une relique sainte le premier argent qu'il a gagné. Il a vingt ans, il commence à se tirer d'affaire et à vivre par lui-même. Quelques années encore, et il remboursera, dans une certaine mesure, les sacrifices qu'on a faits pour lui. Son cœur est bon ; il dit lui-même, en embrassant papa et maman, qu'il veut être le soutien de la famille et assurer le repos des braves gens qui l'ont nourri....

« Le jour où tout va bien, le corps législatif vote un contingent de cent mille hommes pour maintenir l'armée sur un bien joli pied de paix. Le garçon, ouvrier ou paysan, tire son numéro à la loterie de M. le Maire; il tombe au sort: bonsoir la compagnie! Serviteur au patron! Pauvre chère famille, adieu!

« Si encore il ne s'agissait que de faire *une, deux*, sous les ordres d'un caporal plus ou moins comique! Il est pénible de perdre cinq ans, d'oublier le métier qu'on savait pour un autre qu'on n'apprendra point, mais qu'importe? La vie est longue.

« Par malheur, le chef de l'État a des raisons avec un autre prince qu'il embrassait à bouche que veux-tu l'année dernière, et qu'il réembrassera sans doute l'an prochain. Il faut vider cette querelle, et plus tôt que plus tard, car les rois de l'Europe, étant tous de la même famille, ont toujours hâte de s'embrasser à nouveau. En avant, les bataillons!

« Voilà deux armées en présence. De part et d'autre, on manie des engins perfectionnés, scientifiques et infaillibles. L'armée n° 1 fait des blessures en entonnoir; l'armée n° 2 jouit du privilége de dessiner en creux des ressorts de sommiers élastiques dans les viscères de l'ennemi. Ni les uns ni les autres ne se veulent aucun mal, mais ils se battent. La querelle de leur prince ne leur est pas même expliquée: on leur montre le drapeau, ils le suivent, et ils se battent. Sous quels prétextes se voueraient-ils réciproquement aux dieux infernaux? Cependant le chef a parlé, l'honneur commande, et ils se battent !

« Ils se battent si bien qu'un jour les pauvres gens de France ou d'Allemagne qui s'étaient répandus en bénédictions sur la tête d'un fils, qui le suivaient de leurs regards et de leurs vœux à travers les vicissitudes de la guerre, qui étendaient déjà les mains pour l'embrasser au retour, reçoivent, au lieu et place de cet enfant, un papier laconique, émané des bureaux du ministre.

« Bonnes gens, conservez avec soin ce chiffon sinistre : c'est tout ce qui vous reviendra du fils que vous aimiez! »

« Ah! comme les Membres de la « *Ligue de la Paix*» ont raison de faire la guerre à la guerre, et de s'attacher à remplacer, chez les peuples, la manie de la gloriole militaire par des idées de justice et d'amour ! d'exciter partout l'horreur des combats et le mépris pour la gloire des conquérants! »

Ainsi va, parlant ou citant, écrivant ou extrayant, l'excellente rédaction du Progrès. Et, pour ne pas prêcher seulement de parole, mais d'exemple aussi, voici comment elle conclut :

« C'est à nous, instituteurs, soldats de « l'armée qui détruira les armées, » qu'incombe la sublime mission de poursuivre l'œuvre de la fraternisation universelle. Communiquons à nos élèves notre amour de la paix, notre horreur de la guerre; répétons-leur que les hommes sont tous frères, et que Dieu, qui fit la Charité, condamne et punit le mal que l'on fait à ses créatures. Et pour les initier aux jouissances de l'amour du prochain, c'est-à-dire de tous les hommes, faisons leur comprendre qu'il n'est pas nécessaire de se voir pour se connaître et s'aimer. Que les correspondances entre les élèves des écoles primaires fassent désormais partie de notre programme d'éducation. « Cette idée, due à un modeste instituteur de la Drôme, M. Laugier, est en train de faire le tour de la France. » Il faut qu'elle se répande aussi rapidement en Belgique ; et ailleurs. Il faut que chaque enfant qui sait écrire ait, loin de son village, un autre enfant avec qui il échange, chaque quinzaine ou chaque mois, des sentiments, des idées, des renseignements, enfin tout ce qu'un écolier peut éprouver, penser et dire.

Il faut, en un mot, qu'à la fédération des instituteurs, déjà en grande partie réalisée, succède, grâce à eux, la fédération des peuples.

« Du train dont vous y allez, dit-il à l'un d'eux, tous les écoliers du monde vont être amis ; ils se connaîtront non-seulement de calligraphie, de style et d'intelligence, mais aussi de cœur et de visage ! Le moyen, après cela, de mener à la boucherie ces camarades d'enfance, ces confidents, ces maîtres mutuels de langue, de calcul, de géographie et d'histoire !... Sachant que tous vivent par la volonté d'un seul Père, que tous Lui doivent amour et obéissance, quel accueil voulez-vous qu'ils fassent aux ordres impies qui leur commanderaient de *s'entre-chassepoter* ou *aiguillonner !* Prenez-y garde, cher Confrère, vous allez apprendre à tous les petits habitants du globe que Dieu a créé les hommes pour s'aimer les uns les autres, se rendre la vie mutuellement agréable et réciproquement utile. Grâce à vous et à vos imitateurs, les frontières vont disparaître, les préjugés de races et de langages vont s'éteindre, l'humanité ne fera qu'une immense famille réalisant le vœu de

votre bon Henri IV, qui souhaitait « la poule au pot pour
« chaque paysan de France et de Navarre. » Mais que faire
de ces canons superbes, de ces armes merveilleuses qui
détruiraient si bien des centaines de mille soldats ! Que
faire de ces guerriers avides de cueillir des graines d'épi-
nards sur les champs de bataille ? »

Dans un numéro suivant, nous trouvons, parmi d'autres,
une lettre de M. A. Jennepin, instituteur à Cousolre, dans
laquelle nous lisons :

« J'attends d'excellents résultats de ces correspondances,
tant au point de vue du développement des idées chez nos
jeunes correspondants, que sous le rapport de l'émulation
et du style.

« Et, dans un ordre d'idées plus relevé, quels avantages
ne doit-on pas espérer de ces relations amicales entre
enfants de conditions et de nations différentes ? N'est-ce pas
arborer un drapeau nouveau ? celui de la philanthropie
universelle, qui doit amener cette « *paix entre tous les
peuples* » qu'on n'est plus, heureusement, à regarder comme
une utopie, et à la réalisation de laquelle travaillent
aujourd'hui tant d'hommes de cœur. C'est à nous surtout,
éducateurs de la jeunesse, qu'il appartient de planter les
premiers jalons qui serviront de guide à une nouvelle
génération, d'où sortiront des conseils qui engageront les
princes « *à ne point se fonder sur des principes arbitraires
de gloire, de bienséance, d'utilité; et des flots de sang n'inon-
deront plus la terre* ».

Et à l'appui vient la correspondance entre un Russe
élevé à Bruxelles et un jeune écolier Français. De la réponse de celui-ci citons seulement ces lignes.

« *A mon ami* Constant de Cramer,

« Cousolre, le 13 juillet 1869.

« Cher ami,

« C'est avec un plaisir extrême que j'ai lu votre lettre, et maintenant j'y réponds de tout mon cœur. Vous êtes Russe et je suis Français, mais la différence de nationalité ne nous empêchera pas d'être amis. En effet, la devise de tous les étudiants n'est-elle pas aujourd'hui : *Paix entre tous les peuples !* Quoique votre pays soit froid, cela ne l'empêche pas d'être l'un des plus riches de l'Europe. Les mines de toute espèce y abondent. C'est de la Russie que nous vient la malachite, pierre précieuse qui sert aux belles incrustations que font nos marbriers. Car il faut que vous sachiez que l'industrie de Cousolre est la taille, le polissage et la sculpture des marbres de tous les pays, depuis le porphyre et le granit de la Russie jusqu'aux marbres blancs d'Italie.... »

Votre ami,
« Eugène Planard. »

La rédaction du Progrès a-t-elle tort de dire après cela : « la guerre devient impossible pour la génération qui s'élève. Non-seulement l'école va prendre un nouvel esprit, son horizon va largement s'étendre, mais les préjugés locaux et linguistiques vont disparaître; une fusion plus intime s'établira entre les diverses nuances d'un même peuple, et toutes les nations, étouffant à l'envi cet aveuglement funeste, ces instincts sauvages qui les mirent tant de fois aux prises, reconnaîtront qu'elles seraient inexcusables, indignes de pitié, si elles se ruaient de nouveau les unes sur les autres, pour satisfaire l'orgueil ou la cupidité des maîtres qu'elles se donnent.

« On a dit longtemps que *si un lambeau d'étoffe rouge suffit pour enrager la brute, l'homme s'enivre de fureur au son du tambour*, à l'odeur de la poudre, à la fallacieuse parole d'un vampire couronné.

« Ce langage est aujourd'hui une sanglante injure. Le roi de la création n'en est plus la honte. Les notions du juste et du vrai pénètrent dans toutes les âmes. L'amour d'autrui, l'amour de soi-même, éclairent les peuples sur leurs vrais intérêts. Les souverains invoquent la paix comme la base de leur empire; il n'en est pas un qui ne maudisse par avance l'impie capable de rallumer les fureurs de Bellone. »

Dans un autre numéro encore, celui du 6 juin, nous trouvons les réflexions suivantes, sur le même sujet :

« Verrons-nous toujours mettre en campagne des milliers d'hommes, allant s'entre-égorger avec tant d'autres milliers d'hommes, leurs frères, pour une mesquine question d'agrandissement ou pour satisfaire une vaine ambition, une haine personnelle de tyran à tyran ? Ce mot sacré « amour de la patrie, » si beau, si sublime, ne sera-t-il donc jamais épuré; et s'y rattachera-t-il toujours une signification de haine et de vengeance ? J'aime mon pauvre village autant que personne, j'aime aussi mon pays comme le fait tout Belge ; mais je ne déteste pas le village voisin, je ne hais pas les peuples qui nous environnent, pas plus que je ne hais les Chinois, les Iroquois ou autres. Je respecte leur amour pour leur clocher, pour leur patrie.

« Si tous les instituteurs de la terre se liguaient pour inculquer aux enfants ce sentiment, le seul rationnel et le seul naturel, n'est-il pas vrai qu'ils formeraient une nouvelle génération, incapable de s'entre-déchirer pour le bon plaisir de quelques grands scélérats? Mais périsse plutôt ce sentiment si noble, si touchant, « amour du sol natal, » s'il doit entretenir dans le cœur de l'homme une animosité secrète contre ses frères, une appréhension continuelle d'être attaqué par un voisin puissant. J'aimerais mieux le voir remplacé par l'amour de l'humanité ; celui-là n'aurait point pour limites une montagne, une rivière ou un simple poteau ; il s'étendrait à tout ce qui vit, à tout ce qui a forme humaine, sans distinction de couleurs, de croyances ni d'opinions. »

Que si l'on s'étonne de la vivacité de cette haine de la guerre, on n'a qu'à lire ce passage d'une lettre de M. Campion, le vaillant directeur du *Progrès*, dans laquelle, il nous écrivait que : « si jamais *la Ligue de la Paix* se réunit en septembre à Paris ou ailleurs, les instituteurs ne manqueraient pas d'y assister et d'y applaudir ».

« Et nous, Monsieur, nous Belges, depuis le premier César jusqu'au dernier, c'est-à-dire pendant près de vingt siècles, nous n'avons pas cessé de voir notre sol transformé en champ de carnage. Après la conquête romaine, après les ravages des Normands, après les luttes fratricides de nos hobereaux, voire même de nos communes, nous avons été le prétexte et les victimes d'une interminable série de batailles et de brigandages. Pas une ville, pas un hameau, pas un pouce de notre territoire n'est resté pur de massacres, de pillages, ou d'incendies. Notre terre a été tellement inondée de sang, nos plaines recèlent tant de cadavres que nous vivons pour ainsi dire d'une haine incarnée pour tout ce qui rappelle les combats, l'invasion, l'oppression. [1] »

[1] On peut comparer avec ces paroles ce passage d'une lettre de la loge l'Oasis, de Batna.

« Pour nous, Algériens, qui vivons sur un sol bouleversé par les invasions qui s'y sont succédé, ce n'est pas sans une profonde tristesse que chaque jour nos regards se fixent sur le sombre tableau des désastres et des fléaux engendrés par la guerre, dont nous retrouvons à chaque pas le stigmate indélébile........

.... Quand nous voyons l'Europe en armes n'attendre que le

M. Campion a bien raison. Mais à ce compte-là quel est le coin de terre qui ne crie contre le ciel? Quel est le peuple qui n'ait le droit de redire, après deux mille ans, le cri du poëte latin : *Quæ caret ora cruore nostro ?*

Enfin c'est dans les colonnes du *Progrès* que nous avons trouvé le discours de M. Couvreur, dont il a été parlé au rapport. On nous saura gré de donner ici ce remarquable discours, auquel il ne paraît pas que la plupart de nos journaux français aient daigné faire grande attention.

Chambre des représentants de Belgique

Séance du 18 mai 1869.

M. Couvreur. — « Appliquant le principe que le citoyen doit ses services à l'État à l'heure du péril, et que l'État en tout temps a le droit de s'assurer que ces services peuvent lui être rendus, je voudrais déclarer dès à présent que dans un temps donné, dans cinq ans, dans dix ans, peu importe, le tirage au sort sera aboli et remplacé par des examens. Les jeunes gens appelés par leur âge à prouver qu'ils sont aptes à servir le pays en cas de besoin passeraient devant un conseil spécial, feraient l'école de soldat,

signal de la lutte, nous nous demandons avec anxiété s'il est une association assez puissante, assez vaste dans ses ramifications, pour conjurer, s'il en est temps encore, les calamités effroyables qui menacent les peuples civilisés; qui puisse dissiper l'aveuglement des potentats ou annihiler leurs funestes convoitises, en un mot, assurer à jamais le règne de la paix, cette mère féconde des arts, du commerce, de l'agriculture et de l'industrie....

Ils ajoutent : « La lecture des publications de la Ligue est dans nos réunions un sujet d'attention soutenue, et elle excite notre reconnaissance envers les propagateurs de votre œuvre.

de peloton, de bataillon, manœuvreraient, tireraient à la cible, prouveraient qu'ils possèdent tout ce qui constitue l'instruction du soldat. Ils seraient classés par numéros suivant leur capacité ; les mauvais seraient engagés pour un terme plus ou moins long avec une indemnité ; les autres pourraient retourner dans leurs foyers.

« Avec un tel concours, chacun ferait de son mieux pour échapper au service militaire, même avec l'indemnité. Le père de famille, au lieu d'amasser sou par sou la somme nécessaire au rachat de ses fils, pour fournir un mauvais remplaçant, leur fera apprendre la gymnastique, les mouvements militaires, le tir à la cible. Plus de ruine dans les familles, plus de désolation. Ne sera soldat que celui qui l'aura voulu. Pour échapper aux casernes, il suffira de suivre les écoles, les écoles primaires, les écoles d'adultes. Et je vous garantis qu'elles seront encombrées. Si les écoles ne suffisent pas, les citoyens s'associeront entre eux pour apprendre l'exercice.

« Au bout de quelques années, le recrutement deviendrait difficile, tant on mettra de zèle à y échapper. Tant mieux : si devant un pareil résultat vous tenez encore à conserver votre armée permanente et la promiscuité de vos casernes, vous les garderez en rendant l'examen plus difficile.

« Et remarquez quel admirable effet vous obtiendrez sur la population. Au lieu de lui enlever la fleur de sa jeunesse, de l'abâtardir, de retarder et de contrarier les mariages, vous lui rendrez les forces, l'énergie, la santé, la virilité.

« Vous la préparez, en cas de danger, à pouvoir se lever tout entière contre l'envahisseur. Vous vous donnez à vous-mêmes une réserve inépuisable ; à vos villes une garde civique d'élite, à vos campagnes des bandes toujours prêtes à repousser l'ennemi.

« Voyez combien ce système est plus sain, plus naturel,

plus logique que celui que vous pratiquez aujourd'hui. Vous prenez un homme pour lui imposer un métier qu'il n'aime pas. Instruit ou non, il passera dans vos casernes les plus belles années de sa vie. Vous l'enlevez, à vingt ans, à la charrue, à l'atelier. Vous le gardez jusqu'à l'expiration de son temps de service. C'est un gaspillage de force.

« Dans ces conditions, personne n'a intérêt à s'instruire, et vous perdez votre temps à dégourdir tous ces malheureux à l'heure où ils sont le plus nécessaires à la société.

« Vous les faites marcher, courir, manœuvrer, porter armes, présenter armes, croiser *elle*, tirer ; vous créez des écoles régimentaires pour leur apprendre à lire et à écrire. Passez cela à votre collègue de l'intérieur. Où est la nécessité d'attendre l'âge de vingt ans, l'âge où le pli de l'ignorance est pris, où la discipline entre déjà difficilement dans le cerveau, où le travail est privé de bras qui lui sont nécessaires, et qui, pour vous, ne sont souvent que des non-valeurs ?

« Et puis quel encouragement donnez-vous à celui qui, une fois incorporé, a achevé son éducation militaire ? Aucun. Le rendez-vous à sa famille qui a besoin de lui, à son travail, à la société ? Appelez-vous à sa place un autre plus ignorant que lui ? Non, vous gardez tout, bons et mauvais, deux ans, trois ans, cinq ans.

« Naturellement le ministre de l'intérieur, les administrations communales et charitables devraient seconder le plan dont j'ai esquissé les lignes principales. Des maîtres de gymnastique devraient être attachés à toutes les écoles, les écoles privées ne manqueraient pas de les suivre, des tirs s'établiraient d'eux-mêmes dans tous les cantons. Tout cela, bien entendu, sans obligation. S'exercerait qui voudrait ; soyez tranquilles, l'intérêt privé lèverait tous les obstacles.

« Je ne vois pas quelle objection on pourrait faire à mon

système, au point de vue militaire. Je ne touche pas à l'armée active permanente. Elle n'aura que les éléments les plus ignorants de la population, ni plus ni moins qu'aujourd'hui. Elle sera ce qu'elle est, moins les remplaçants.

« Vous garderez les engagés volontaires et les miliciens qui n'auront pas voulu se soustraire au service. Leur niveau s'élèvera à mesure que l'éducation du pays se perfectionnera. Mais ce qui s'élèvera surtout, ce sera le nombre et la qualité de vos engagés. Vous leur payerez le prix de leurs services comme aux miliciens, plus une retraite. Indépendamment des fonctions civiles qu'on peut leur réserver, ils trouveront à se caser comme instructeurs. Le service militaire deviendra une carrière.

« Après quelques années de ce régime, vous aurez plus d'offres que vous n'en pourrez accepter, car, par la force même des choses, vous serez amenés à réduire vos contingents.

« Ce système, que je me borne à esquisser, n'est ni le système prussien, ni le système suisse. Il vous laisse un noyau d'armée permanente composé de volontaires et de miliciens, tenu en équilibre par des bans d'une réserve militaire de premier ordre. Comme en Prusse, tout le monde est soldat ; mais on ne touche pas à l'homme ni à sa liberté. On ne le garde pas pour l'instruire pendant un temps déterminé, on n'interrompt pas le travail ou, si on l'interrompt, ce n'est jamais que pendant quelques mois et à des moments où le dérangement est le moins onéreux pour lui.

« Le citoyen peut consulter ses convenances, choisir son jour et son heure. Qu'il multiplie ses efforts pour diminuer son temps de service, c'est son affaire. L'État ne s'inquiète que du résultat obtenu.

« Sans doute, dans une organisation pareille, la justice, l'intérêt social ne sont pas encore sauvegardés dans tous leurs détails d'une manière absolue. Mais ce sera déjà un grand progrès sur ce qui existe ; ce progrès ne dût-il se réaliser que dans quelques années, les populations attendront avec patience. Il leur suffira de voir luire l'espoir assuré d'un avenir meilleur. C'est à ce titre, messieurs, que je recommande mes idées à votre examen, me réservant de les reproduire en un amendement, si je trouve cinq membres disposés à les appuyer. »

Dans la séance du 19 mai 1869, M. LE LIEUTENANT GÉNÉRAL RENARD, ministre de la guerre, répond en ces termes, que nous ne voulons point altérer en les résumant :

« L'honorable M. Couvreur a proposé hier un système, et je dois le dire, de tous ceux qui nous ont été présentés jusqu'à présent, c'est celui dans lequel je trouve le plus de points de contact avec mes idées personnelles.

« L'honorable membre a soin de dire qu'il ne touche pas à l'armée active permanente, que son système n'affaiblit pas la force de l'armée. Mais il ne veut plus du tirage au sort; il consent à donner tous les ans le contingent de milice qui est jugé nécessaire, et voici comment il lève ce contingent :

« Il y aurait un concours ; les 35,000 jeunes gens de chaque classe seraient examinés sur l'école de soldat, sur l'école de peloton et sur l'école de bataillon; ceux qui feraient preuve d'une connaissance parfaite de ces trois écoles ne seraient incorporés. Tel est le système de l'honorable membre.

« Je suis partisan de l'idée d'imposer à tous les Belges l'obligation de posséder l'école de soldat et l'école de peloton, de manière qu'en cas d'invasion du pays, ils soient à même de rendre immédiatement des services à la nation.

« Le gouvernement, du reste, n'a pas attendu que l'honorable membre la formulât, pour songer à la mettre en pratique. M. le Ministre de l'intérieur a préparé un projet d'enseignement militaire dans les écoles primaires.

« Mais, messieurs, l'honorable membre ne nous a pas dit comment il constituerait la réserve de l'armée. Nous pourrons bien, à ceux qui n'auront pas été exemptés par le concours, enseigner tout ce qu'ils doivent savoir ; mais quant aux exemptés temporaires qui, en cas de guerre, devront compléter notre effectif, ils ne posséderont que les connaissances de l'examen. Or, ces connaissances sont tout à fait insuffisantes pour former un bon soldat.

« Elles seraient acceptables pour la constitution d'une réserve nationale, que le gouvernement a l'intention de créer. Mais pour l'armée proprement dite, il faut réunir d'autres qualités. Il ne suffit pas d'enseigner l'exercice, il faut obtenir la cohésion dans les rangs, assurer la connaissance des cadres ; il faut au militaire ce frottement avec ses camarades qui lui donne une confiance absolue et qui fait de toutes les forces individuelles cette grande force qui constitue ce qu'on appelle l'armée. Enfin, le soldat doit connaître le service de tirailleur, le service de campagne, le service des gardes, etc.

« Eh bien, toutes ces choses, et bien d'autres encore non moins nécessaires, vous ne nous les procurez pas. Vos volontaires devraient donc passer un certain nombre de mois dans nos rangs, pour devenir des soldats complets. Et voilà en quoi pèche ce système. Mais un défaut radical encore est, selon moi, d'écraser les campagnes et les pauvres au profit des villes et des riches.

« Les riches, en effet, pourront très-bien faire apprendre à leurs enfants l'école de soldat, l'école de peloton et même l'école de bataillon ; mais le pauvre laboureur, comment donnera t-il cet enseignement à son enfant ? — Sous ce rapport, le système de l'honorable membre me semble consacrer une injustice, une véritable iniquité.

« Mais, je tiens à le déclarer, il y a, dans ce système, quelque chose qui m'a frappé et qui se rapproche de mes idées.

« Il est évident qu'après l'incorporation, les trois premiers mois seront employés à l'enseignement des écoles de soldat et de peloton, avant d'arriver à l'école de bataillon. Je ne vois pas pourquoi on ne dispenserait pas de quelques mois de service les hommes qui, avant leur arrivée sous les drapeaux, auraient acquis un degré suffisant d'instruction.

« Je ne repousse donc pas cette idée, comme je ne repousserai jamais aucune idée dont la réalisation pourra être utile à la bonne organisation de l'armée. »

Opinion des militaires sur la guerre

Nous avons cité en diverses occasions de nombreuses et importantes preuves de la façon dont les militaires éclairés commencent à envisager la guerre. En voici quelques autre prises entre mille :

Un des sociétaires de notre Ligue, M. Jules Monico, propriétaire à Ghelma, nous écrit :

« Il est bien permis, à moi surtout, ancien sergent de zouaves, qui ai vu toutes les horreurs de la guerre et qui en porte encore les stigmates, *de la condamner et de la flétrir.* »

« C'est à l'opinion » dit de son côté le capitaine Jacob, « qu'il appartient d'avoir raison de la guerre. »

Un sous-officier de zouaves, M. Eugène Guignol, chevalier de la Légion-d'honneur, dans un travail intitulé LE PAUPÉRISME EN FRANCE, *suivi de moyens aussi simples qu'infaillibles pour en restreindre considérablement l'étendue* écrit ce qui suit :

« Un gouvernement quelconque qui, sans nécessité hautement reconnue, suscite une guerre, ou participe à une guerre commencée, méconnaît sa haute mission et assume sur sa tête la responsabilité de tout le sang que son agression ou sa coopération a fait répandre....

« Les esprits tendent plus que jamais à repousser l'idée de guerre ; peuples et gouvernements commencent enfin à comprendre que leur bonheur et leur gloire réelle ne dépendent point de l'extension de leur frontière.......

« Singulière aberration de l'esprit humain, *extravagance des plus monstrueuses* que de prétendre que le carnage de ses semblables, accompagné de son hideux cortége, les ravages, les privations, les fatigues, les mutilations, l'accroissement de la dette publique, les angoisses et le désespoir des familles sont quelquefois un bienfait rendu à l'humanité. »

Un autre sous-officier de zouaves, (décidément on a raison de parler du courage des zouaves, ils ont celui de leur opinion, tout au moins,), M. C. Houssier, adressait, à propos des élections, la lettre suivante au principal journal de Nantes, dans lequel nous la puisons :

« *Nantes, le 17 mai 1869.*

« Monsieur le rédacteur,

« En présence de l'intérêt si palpitant que nous offrent, en ce moment, les discussions électorales, il en est une de premier ordre et qui intéresse tout le monde entier : c'est la question de la *guerre* et de la *suppression des armées permanentes.*

« Je viens vous prier de bien vouloir m'accorder l'hospitalité dans les colonnes de votre journal, afin de me permettre d'apporter à mes concitoyens le faible appoint de l'expérience d'un homme de 47 ans, ayant le double titre d'ancien militaire et de père de famille.

« Sous-officier aux zouaves, de 1842 à 1847, constamment

en campagne, sauf une absence de six mois, pour cause de blessure, c'est vous dire combien je me sens d'autorité pour affirmer mon opinion sur les fâcheuses conséquences de la guerre, d'une grande armée permanente et du long séjour du soldat sous l'autorité militaire.

« Il est de ces souvenirs qui ne s'effacent jamais de la mémoire, et servent de guide à tout homme libéré du service pour l'éducation de ses enfants, en lui mettant chaque jour sous les yeux tout ce que la guerre a d'horrible, et ne la lui faisant envisager inévitable que lorsque la patrie ou ses libertés sont en danger.

« Pour mon compte je ne puis oublier les inquiétudes de chaque jour, causées à ma bonne et tendre mère pendant cinq années; je ne puis oublier non plus tout ce qu'a de hideux la vue ou le séjour de l'ambulance après le combat, où se trouvent pêle-mêle amis et ennemis, réclamant à grands cris les secours de la science, et où le nombre de ceux qui les donnent avec tant de dévouement est presque toujours insuffisant.

« Je ne puis surtout oublier l'horrible spectacle de trente-deux cadavres nus et mutilés ensevelis dans une même fosse, pas plus que l'agonie et la mort d'un bon et brave camarade me servant de contre-poids sur un cacolet pendant quarante-huit heures.

« Au point de vue des souvenirs de gloire, voilà ce que donne la guerre : *donc pas de guerre*.

« Au point de vue moral aucun bon souvenir ne peut rester en faveur d'un long séjour à l'armée.

« Il m'a été donné, cette année d'assister au tirage et, à l'exception de ceux que la chance d'un bon numéro favorisait, il n'en est pas un seul sur le visage duquel je n'aie vu couler une larme, où la tristesse ne fût empreinte, sans compter celle que reflétait le visage du père, du frère ou de l'ami.

« Avant le départ il y a déjà répugnance générale et de vives douleurs au foyer.

« Je ne sache pas avoir jamais connu un soldat dont la plus grande préoccupation, pendant son service, n'ait été de déduire chaque jour celui qui venait de s'écouler, comme une conquête pour sa liberté et une espérance de plus pour revoir promptement sa famille.

« Je ne puis attribuer le retour des congédiés de mon temps, dans l'armée, qu'à des causes déplorables; la majorité dans ce temps-là, n'y revenait qu'à titre de remplaçants, la plupart sans le bénéfice de la vente de leur liberté, souvent dépensé dans de folles prodigalités, et devenait l'aliment des compagnies de discipline ou des maisons de correction....

... « Quant à moi, je dois vous dire que j'ai béni la blessure qui m'a fait obtenir mon congé et, par cela même, fait bénéficier d'une réduction de deux ans, sans souci aucun des espérances que mon grade et mes chefs me faisaient entrevoir.

« Lorsque, depuis, je me suis demandé quelle cause je servais et qu'il m'était répondu : Conquête et civilisation, je n'ai trouvé, dans l'une, que le souvenir d'atrocités rappelant la barbarie, et, dans l'autre, qu'une atteinte à la liberté des peuples, par des moyens violents et sans résultats.

« Aussi, que de fois, me suis-je applaudi de m'être hâté d'en sortir; comprenant, enfin, qu'il n'y a de guerre légitime que pour la défense de sa patrie et de ses libertés, d'autre guerre entre nations que pour le travail de l'intelligence et de l'industrie.

« *Donc, pas de guerre, pas d'armées inutiles.*

« Comme chef de famille et père de trois fils dont l'aîné fait partie du contingent soumis à la nouvelle loi, les deux autres d'ici trois ans, je me sens aussi autorisé à ce titre, pour le présent et l'avenir, que comme ancien militaire, pour le passé, à condamner notre système d'armement permanent, au double point de vue de la morale et des intérêts de mon pays.

« Il est pénible de songer, qu'en récompense des bons soins que vous donnez à vos enfants, de la sollicitude avec laquelle vous veillez à leur éviter jusqu'à la moindre égratignure pendant 20 ans, à développer chez eux toutes les forces physiques et morales pour en faire des hommes forts et des citoyens utiles à leur pays, que cette récompense consiste dans ce triste orgueil de les voir choisir, entre tous, comme étant les plus propres à servir de point de mire à une arme perfectionnée, où au service d'une ambition injuste et sans utilité pour le pays.

« Il est pénible, enfin, de songer que tout ce que vous avez amassé d'espérances, de projets, pendant vingt ans, que toutes les dépenses faites pendant ce même temps pour les réaliser, peut être détruit par le vote complaisant d'un député au service d'une volonté ambitieuse, sans contrôle, et que pendant dix ans il vous sera matériellement impossible de réédifier votre œuvre d'une façon exempte d'éventualités contre une deuxième démolition.

« Vous n'avez d'autre espoir que le retour anticipé de vos enfants revenant incomplets, rachitiques ou usés.

« Quelle belle perspective !

« Il m'a été donné de voir, à la dernière séance du conseil de révision, un jeune conscrit pleurer de ne pas faire partie du contingent ; mon étonnement a cessé lorsque j'ai su que le malheureux venait d'apprendre qu'il était phthisique.....

« Il faut donc conclure que toute guerre, en dehors de la défense du territoire, est injuste, atroce, et n'est qu'un aliment à l'ambition de quelques hommes ; que les armées permanentes sont contraires à la morale et aux intérêts de tous ;

qu'il est prouvé, pour tout homme qui a voyagé commer-
cialement dans une grande partie de l'Europe, qu'aucun
peuple ne désire d'autre champ de combat que celui de
l'industrie, et d'autre armée permanente que celle des travailleurs.

« En conséquence, il faut donc repousser toute candida-
ture qui n'inscrira pas franchement sur son drapeau : Réduction *de l'armée et des gros traitements, réduction du service actif,* et ne prendra pas l'engagement formel de ne
cesser chaque jour d'en faire la demande et d'en étudier les
voies et moyens. A ceux qui résisteront, je donnerai le conseil d'aller compléter leur éducation par un stage de neuf
ans dans les armées permanentes ou à leur défaut d'y
envoyer leurs enfants. Alors seulement sans doute, ils com-
prendront les horreurs de la guerre et les angoisses de la
famille.

« Veuillez agréer.......   C. HOUSSIER. »

Voici maintenant quelques extraits de la correspondance
d'un officier qui a vu la guerre sous toutes les latitudes et
s'est signalé maintes fois par des actions d'éclat.

« Si vous viviez au milieu des officiers, vous seriez heureux de voir quels progrès font nos idées. On ne peut les
accuser de poltronnerie, ils sont braves comme des lions ;
c'est tout simplement la vérité qui les captive.... *Pour bien
faire la guerre aujourd'hui, il faut avoir beaucoup étudié ;
et l'étude dégoûte de la guerre......* Il y a quelques années
ils étaient trop souvent peu instruits, même en fait de
métier. La guerre de Prusse a changé tout cela. Conférences[1]
sur la stratégie, sur la géographie, etc. etc., c'est à ne
plus s'y reconnaître. Parallèlement [1] se fait entre eux un

---

[1] Au moment où nous corrigeons l'épreuve de ce passage,
voici ce que nous trouvons dans un journal.

Les conférences militaires. — Les conférences militaires se

travail moral. *Il y en a bien peu qui aiment la guerre*, et les plus enragés ne la désirent que par des raisons particulières, telles que la double épaulette pour se marier, la croix, etc. *Tous du reste sont d'accord pour dire que « LE MÉTIER S'EN VA; »* que la guerre avec la Prusse, si guerre il y a, sera la dernière.(?) En somme ce sont tous de braves gens, et plus éclairés qu'on ne le croit. Il ne serait pas difficile de les licencier en ménageant leurs intérêts, ce qui est justice. Qu'on cesse donc de nous dire que l'armée veut ceci, que l'armée veut cela : c'est plus qu'un mensonge, c'est une calomnie.

... « C'est à la guerre défensive qu'il faut nous cramponner comme le naufragé au rocher. C'est là qu'est notre force. Nos adversaires ne manquent jamais de dire : « Quoi ! on viendra nous envahir, ravager nos champs, insulter nos femmes et nos filles; et nous ne dirons rien ! » Hypocrites ! ils savent bien qu'il n'en est rien. C'est justement parce que la guerre défensive est sacrée, que la guerre

succèdent et deviennent, paraît-il, une institution sérieuse. On n'y traite bien entendu que des sujets qui se rattachent à l'art de la guerre, études sur l'armement nouveau, nouvelle tactique de l'infanterie, emploi des chemins de fer à la guerre, service de santé en campagne, etc., etc.

Un chef d'escadron me disait à propos de ces conférences : « Cela n'a l'air de rien et c'est beaucoup : au lieu de passer son temps au café ou à la promenade, l'officier, réuni à ses camarades, commence par écouter et finit par penser. *Or, plus on pense, moins on est militaire dans la vieille acceptation du mot.* Hier parlant de la guerre possible entre la Prusse et la France, *notre lieutenant-colonel nous disait : « Les Prussiens, après tout, ce sont des hommes. »* — Il y a vingt ans, monsieur, jamais un troupier français n'aurait voulu convenir que les Prussiens étaient des hommes. »

Décidément, les conférences ont du bon. »

offensive est imple. Vous avez parlé d'une pétition pour demander que le ministère *de la guerre*, change de nom, et que l'armée ne passe pas la frontière. Ce sera un grand pas : car il faudra bien que le Sénat donne son avis motivé, et la vérité gagne toujours à la discussion. Qu'on ait encore le courage de punir comme incendiaires, assassins, les prisonniers faits sur notre territoire, (du moins qu'on le déclare ; il n'y aura jamais besoin de recourir à ces mesures) ; et l'on verra la paix s'établir sans qu'on s'en occupe et les armées se réduire à leur plus simple expression, comme on dit en mathématique.

..... Je reviens à la Ligue, continuez toujours: Il ne faut pas juger de son influence par le nombre de ses adhérents. Les principes sont partout, et à l'insu de ceux qu'ils imprègnent. Ce n'est qu'à Châlons qu'on peut vanter impunément la guerre en général, ailleurs ce n'est pas de mise. »

Nous extrayons aussi le passage suivant d'une curieuse et parfois un peu étrange étude sur L'AGUERRISSEMENT DES ARMÉES, par le vicomte de Vauréal, de la Faculté de Paris :

« La guerre est l'expression d'une loi élevée qui ne demande à se traduire que par une expression meilleure, l'*industrie*. Une nation qui est vivante ne connaît pas le repos, qui est la mort. *La paix n'est pas le repos, c'est une application plus profitable des activités humaines* ; c'est l'industrie..... Janus avait deux faces ; mais l'une comme l'autre commandaient l'activité. Que ce soit la guerre ou l'industrie qui exprime l'intérêt de la vie, je répondrai avec une conviction inébranlable : cet intérêt veut que l'homme soit fort, qu'il jouisse de tous les attributs de sa nature. »

Opinion des armuriers sur la guerre

La Ligue Belge pour l'abolition de la Conscription avait songé à provoquer à Liège, à l'occasion de la réunion des francs-tireurs, un Congrès de désarmement. Cette excellente pensée n'a pu être réalisée.

Elle nous a valu du moins de connaître l'existence et les efforts d'un centre pacifique de plus.

La sténographie d'une des assemblées tenues par la *Ligue Belge*, que nous avons sous les yeux atteste l'importance qu'a prise en Belgique cette question. Nous remercions vivement le bureau de cette Ligue d'avoir pensé à se mettre en rapport avec la nôtre. Nous sommes heureux de savoir que, comme nous, « ils ne poursuivent qu'un but, sans distinction d'opinions politiques ou autres; abolir la Conscription en Belgique et les armées permanentes, quelque soit leur mode de recrutement, dans tous les pays. » Nous les remercions des inscriptions qu'ils ont commencé à nous procurer, et nous croyons, à cette occasion, devoir reproduire les réflexions suivantes, dont on appréciera l'intérêt :

« Vous remarquerez sur la première feuille que je vous retourne que les armuriers eux-mêmes, ouvriers comme patrons, répudient la guerre.

« La guerre, en effet, nuit à tous, même à ceux qu'elle passe vulgairement, à tort, pour enrichir. Notre industrie, comme toutes les autres branches de l'activité humaine, a besoin de l'affluence constante des capitaux, que la paix nous fournit toujours en abondance, et qui se cachent dès qu'elle paraît seulement quelque peu compromise. Puis, en temps de guerre, viennent, dès le début des hostilités, les saisies d'armes par les belligérants, les prohibitions de transit même dans les pays neutres, partant l'impossibilité d'expédier l'article. Inutile alors de le créer, la production cesse.

« Chaque guerre est une cause de grande perte pour le fabricant et de misère profonde pour l'ouvrier Liégeois. *Je ne connais pas, dans tout l'arrondissement de Liège, un seul armurier qui ne maudisse la guerre.*

« Après chaque guerre, il y a toujours des fabriques d'armes qui suspendent leurs paiements et qui liquident à grande perte. »   Victor COLLETTE,

Fabricant d'armes. [1]

---

[1] Au moment de donner le bon à tirer de cette dernière feuille, nous recevons le texte du *Discours de bienvenue adressé aux visiteurs étrangers, le 20 septembre 1869, à la Renommée, par le Capitaine V. COLLETTE, Président de la Société des Chasseurs-Eclaireurs de Liége,* et nous sommes heureux de pouvoir le reproduire ici.

« MESDAMES, MESSIEURS,

« Heureux, profondément heureux d'être appelé à vous recevoir, à vous saluer dans cette enceinte, heureux d'être appelé à vous convier à une nouvelle explosion de patriotique confraternité, je vous remercie d'abord, et du fond du cœur, au nom des chasseurs-éclaireurs liégeois, de nous avoir fait la faveur de venir au milieu de nous.

« La manifestation imposante qui rassemble en ce moment, sur ce petit coin de terre belge, un si grand nombre de membres des milices citoyennes de l'Europe est destinée, Messieurs, à prendre sa place dans l'histoire ; elle marquera la date de l'ouverture d'une ère nouvelle et meilleure pour les nations européennes.

« Les peuples civilisés modernes ont tous abandonné les noms que portaient leurs ancêtres. Tant mieux ! ces noms ne rappelaient que des souvenirs de discorde, de carnage et de haine, des souvenirs de guerre, en un mot. L'antique Germanie s'appelle aujourd'hui l'Allemagne ; les Italiens sont les héritiers des Latins ; l'Helvétie est devenue la république de la Suisse ; les Gaulois se sont subdivisés en Français et en Belges ; aux Bataves ont succédé les Hollandais — nos chers ennemis d'autrefois ! — et même les Anglo-Saxons, si attachés pourtant à leurs anciennes traditions, s'intitulent fièrement « les libres fils de la vieille Angleterre. »

« Espérons que, dans un avenir prochain, les noms nouveaux, les noms actuels des peuples européens n'auront plus

L'Union de la Paix entre tous les peuples civilisés, organe des intérêts universels qui réclament la création d'une jurisprudence internationale [1].

Nous avons eu déjà plus d'une fois l'occasion de parler de cette œuvre. Nous sommes heureux de trouver, dans son *troisième bulletin* (Juillet 1869), la preuve des progrès

d'autre portée, d'autre raison d'être que de servir à indiquer tout simplement des subdivisions territoriales, naturellement nécessaires pour leur administration.

« Et tenez, déjà, en ce moment, moi qui ai l'honneur insigne de vous souhaiter la bienvenue, je vous déclare que je ne vois pas ici de Français ni d'Anglais, de Prussiens ni d'Autrichiens, de Hollandais ni de Belges, de Suisses ni d'Italiens ; je ne vois ici, sous divers uniformes, je ne vois que de nobles cœurs, qui battent dans de mâles poitrines.

« Soldats citoyens ! Elle est bien belle, elle est sublime et néanmoins bien simple, la mission qui nous incombe à tous surtout dès aujourd'hui ! Elle se résume en ces mots : *Assurer la Paix par la Fraternité.* Ce rôle nous est tout tracé. Nous sommes de fait, avant tout et par essence les soldats de la paix. Pour quelle raison et dans quel but sommes-nous tous armés et militairement organisés ? Pourquoi revêtons-nous, nous bourgeois, des uniformes guerriers ? Pourquoi nous munissons-nous de sabres, de fusils, d'instruments de carnage ?

« Pourquoi, Messieurs ? — Je m'en vais vous le dire !...

« Tous, tant que nous sommes, à quelque corps et à quelque nation que nous appartenions, nous sommes armés, de par les institutions nationales qui nous régissent, soit à titre volontaire, soit à titre d'obligation, il n'importe : — nous sommes tous armés pour défendre... la LIBERTÉ !

« Oui, la liberté, et rien que la liberté !

« Or, sans la paix, pas de liberté ; sans la tolérance, pas de liberté ; sans fraternité, pas de liberté.

« Mesdames, Messieurs,

« Je bois à la fraternelle fédération des peuples. »

On sait que toutes paroles prononcées à Liége, à commencer par celles du Roi, les Belges ont eu le même caractère. Toutes ont célébré la paix et l'union des peuples.

[1] S'adresser au Havre à M. Santallier, 162, Boulevard de l'Empereur.

Le 3° bulletin de l'Union de la Paix a été adressé à tous les qu'elle ne cesse de faire, grâce au dévouement des hommes de bien qui se sont consacrés à sa réalisation.

Nous croyons devoir extraire de ce bulletin les deux articles suivants, qui ne sont pas les seuls dont l'ait enrichi la plume infatigable du secrétaire-général, M. Santallier.

L'énergie de l'humanité

« A ceux qui prétendent que la guerre a sa raison d'être philosophique, pouvant être considérée comme un emploi naturel des énergies viriles de l'humanité, — il faut répondre que *la férocité des bêtes est aussi un emploi naturel de leurs forces mu culaires*. Si la brute est astreinte à des fatalités de tempérament, il appartient à l'homme d'y échapper, au moyen de la raison et de la volonté, qui lui permettent de diriger vers le bien l'exercice de toutes les passions qu'il a reçues de la nature.

« Si la guerre a ses héroïsmes, que nous admirons, *n'a-t-elle pas aussi ses lâchetés*, que nous devons flétrir ? Combien de honteuses pages de rapines, de violences, de cruautés, présente l'histoire de toutes les nations belliqueuses !

« Ce sont des lâchetés que nous exécrons et que nous vou-

adhérents inscrits, à tous les journaux et à toutes les loges maçonniques du monde, aux députés et sénateurs de France, d'Italie et d'Angleterre ; aux têtes couronnées, présidents et ministres et à une foule d'avocats, commerçants, industriels, etc.

M. Henry Martin, de Strood, Kent (Angleterre), qui depuis trente ans s'occupe de la propagation des mêmes idées, a également adressé aux souverains et ministres une note fort remarquable sous ce titre « *Motifs pour abolir la guerre.* » Il lui a été fait une douzaine de réponses.

lons supprimer. Quant aux héroïsmes de l'énergie humaine on leur trouvera toujours de plus nobles objectifs, en dehors de la caserne et du champ de bataille.

« Le mépris de la mort n'a-t-il pas autant de magnanimité dans l'atelier et sur le navire ? Les vrais ennemis de l'humanité, l'inondation, l'épidémie, l'Océan, les glaces du pôle, les ardeurs du désert, sont-ils tellement anéantis que nous n'ayons qu'à nous reposer sur nos lauriers ?

« Non certes ! *la paix entre les hommes, ce n'est que le commencement de la vraie guerre contre les forces rebelles que notre mission est de dominer.* Et dans cette lutte noble et féconde, soyons assurés que les héros de l'avenir trouveront l'emploi de toute leur vigueur physique comme de toute leur énergie morale. Galaor, garde ta lance ; Alcide, ta massue ; il est encore de belles opprimées à défendre : la liberté, la science ; des hydres à terrasser : le despotisme, le préjugé. Délivrez les peuples de leurs chaînes ; nettoyez les étables de l'ignorance. Vos aventures chevaleresques et vos travaux herculéens ne finiront jamais.

« *Nous acceptons la lutte pour toujours ; mais de la guerre nous n'en voulons plus..., non pas parce qu'elle est une souffrance et un danger, mais parce qu'elle est la négation de la fraternité humaine et de la liberté.*

« Ce n'est pas pour ne pas être tués, c'est pour n'être pas obligés de tuer nos semblables que nous ne voulons plus de la guerre. *Ce n'est pas la mort qui nous effraie, c'est le meurtre qui nous fait horreur.* »

F. SANTALLIER.

Le principe de la guerre est-il immuable ?

« Quand deux individus sont en désaccord, ils ont deux façons de résoudre le conflit, ils peuvent choisir entre deux principes.

« Le premier, c'est que le plus fort détruira le plus faible.
État de barbarie.

« Le second, c'est que l'intérêt général impose sa loi sur
le fort comme sur le faible. État social.

« Le premier principe est celui de la guerre. Le second
celui du droit.

« Le principe de la guerre a été ébranlé du jour où le
vainqueur a fait des prisonniers, qu'il n'a pas tués.

« Du moment où l'on n'a plus admis d'une manière absolue
que le but de la guerre était de faire le plus de mal pos·
sible à l'ennemi, jusqu'à son anéantissement, le premier
pas a été fait dans la voie obligatoirement progressive qui
conduit *du droit de la force à la force du droit.*

« Plus tard, on a réclamé le respect des prisonniers, le
respect de la propriété privée ; puis on a créé des corps
neutres d'hospitaliers pour secourir sans distinction les
blessés des deux camps; on a décidé, ensuite, que l'emploi
des armes empoisonnées, des balles explosives, est une
cruauté absurde; tous ménagements qui seraient vraiment
puérils en présence des inventions destructives auxquelles
on s'applique, si nous ne devions voir, dans cette préoccupation contradictoire et bizarre, une tendance incontestable vers le progrès logique et forcé qui, de restriction en
restriction, anéantira la guerre entre les nations, comme il
a détruit l'esclavage dans tous les pays civilisés. »

F. SANTALLIER.

Nous empruntons également au 3e bulletin de l'*Union de
la Paix* l'importante nouvelle ci-dessous:

Jurisprudence internationale

« L'Angleterre, où l'industrie et le commerce ont leur
franc-parler, témoigne de toutes façons de ses répugnances

contre la guerre. Un legs considérable vient d'être fait à l'Université de Cambridge, dans le but de travailler, d'après un mode déterminé, à faire cesser un état de choses qu désole et déshonore l'humanité.

« La fondation proposée par le testament de feu le docteur Whewell pour perfectionner l'étude de la Loi Internationale est en elle-même très-complète, puisqu'elle pourvoit à l'entretien scolaire non-seulement d'un professeur, mais aussi d'étudiants, de telle sorte qu'une école de Loi Internationale soit à jamais établie par une perpétuelle succession de professeurs et d'élèves. »

Suit, d'après le *London Times*, le détail des mesures prises par le testateur, traitement et obligations du professeur, nomination et entretien des étudiants, conférences gratuites et payantes, etc., etc.

Influence de la guerre de 1866 sur la mortalité épidémique en Allemagne

C'est le travail dont il a été parlé dans le rapport. Il est bon de lire ces choses en détail :

« La *Commission centrale de statistique* autrichienne [1] vient de publier les résultats de *son enquête sur les ravages de l'épidémie pendant l'année* 1866. De ces documents, comme de la carte figurative qui les accompagne, il appert que *toutes les contrées voisines du théâtre de la guerre, que tous les points du territoire qui ont servi de stations aux troupes, ou qui seulement leur ont donné passage, ont horriblement souffert du typhus* ; que, dans telle province comme la Bukowine, qui se trouvait entourée de cantonnemen,

---

[1] Mittheilungen aus dem Gebiete der Statistik, herausgegeben von der K. K. Statistichen Centralcommission (Autriche).

russes atteints eux-mêmes du fléau, et où d'ailleurs la récolte fut mauvaise, *la mortalité a atteint le chiffre d'un*
TREIZIÈME DE LA POPULATION TOTALE. Voici d'ailleurs le
détail :

« Dans les provinces en deçà de la Leitha, la somme des
décès avait été en 1865, de... 598,863 ;

« Elle a atteint en 1866.... 804,338. — C'est pour cette année-
là *une augmentation de* 205,475 ; en sorte qu'en comparant
ce chiffre à celui des naissances qui fut de 746,507 en 1866,
la population subit une perte absolue de 57,831 *âmes.* Mais, en
y regardant de plus près, on trouve que c'est en particulier
dans cinq provinces, l'Autriche en aval de l'Enns, la Bohême, la Moravie, la Galicie et la Bukowine, que s'accuse
en 1866 un énorme accroissement des décès : c'est à ces
provinces seules qu'on doit attribuer la perte absolue de
57,831 âmes éprouvée par les pays cisleithans, parce que
chez les autres, au lieu d'un abaissement, c'est une éléva-
tion de la population qu'on observe. En effet, à la fin de
l'année 1866, on comptait, en comparaison de l'année précédente :

DANS LES PROVINCES CI-APRÈS :	ACCROISSEMENT de population de :	DIMINUTION de :
Autriche (en aval de l'Enns) . .		10,538 âmes
Autriche (en amont de l'Enns) .	2,170 âmes	
Salzbourg.	148 »	
Styrie	5,000 »	
Carinthie	836 »	
Carniole.	1,261 »	
Trieste, Goritz et Gradisca, Istrie.	3,060 »	
Tyrol	2,563 »	
Bohême		4,116 »
Moravie		39,926 »

	ACCROISSEMENT de :		DIMINUTION de :	
Silésie................	2,905	»		
Galicie................			1,892	»
Bukowine...............			23,998	»
Dalmatie...............	4,696	»		
Total............	22,639	»	80,470	»

« Or, cet accroissement des décès n'a d'autre cause que les ravages de l'épidémie pendant cette année 1866. Le nombre des cas de mort causés par les épidémies autres que le choléra s'éleva en 1866 à 21,558 de plus qu'en 1865; ceux causés par le choléra dépassèrent de 164,870 le chiffre correspondant de l'année précédente; en somme, 186,428 est le chiffre de l'accroissement dû à l'épidémie; on voit qu'il est bien près d'atteindre celui de 205,475, chiffre de l'accroissement des décès en général.

Décès épidémiques

	EN 1866	EN 1865
Autriche (en aval de l'Enns)..	15,896	207
Autriche (en amont de l'Enns)..	194	52
Salzbourg....................	18	116
Styrie......................	501	125
Carinthie....................	174	125
Carniole.....................	1,711	467
Trieste, Goritz, etc..........	1,253	462
Tyrol.......................	310	634
Bohême......................	43,981	868
Moravie......................	56,217	610
Silésie......................	3,173	99

Galicie.	51,784	6,002
Bukowine.	21,423	348
Dalmatie	76	138
	196,731	10,283

« On voit pour quelle part les cinq provinces ci-dessus dési-gnées entrent dans ce tableau nécrologique : un simple re-gard jeté sur la carte de la campagne de 1866 montre d'ail-leurs leur relation avec les opérations militaires.

« D'après les tables statistiques de Hongrie, le nombre des victimes du choléra s'éleva en 1866 à 69,628. Ici encore, comme de l'autre côté de la Leitha, ce sont les contrées voisines de la Moravie ou celles qui ont livré passage aux troupes qui ont eu le plus à souffrir. Le district en deçà du Danube donne 42,029 décès cholériques, nombre dans lequel le co-mitat de Neutra entre pour 12,662 et le comitat de Pres-bourg pour 8,688. Le district de l'autre côté du Danube ne comptait que 12,300 cas de mort ; *on peut suivre des yeux, sur la carte coloriée dont les teintes graduées font mesurer l'intensité du fléau, la marche des corps d'armée, marquer les étapes, et en quelque sorte calculer le temps des haltes :* partout les grands chemins et routes d'empire sont bordés en noir ; et les villes de garnison sont des centres d'où l'é-pidémie rayonne dans toutes les directions. A mesure que les cercles de Bohême et de Basse-Autriche, disent les *Rap-ports,* s'éloignent du théâtre de la guerre, le typhus est plus benin ; dans la Galicie occidentale, le cercle de Cracovie, qui fut en effet envahi par des troupes ennemies, est seul à accuser une perte sensible en cholériques. En Hongrie, c'est la situation des différents comitats par rapport aux foyers de pestilence qui détermine le tribut qu'ils payent au fléau. »

« La grosse garnison de Komorn, et le grand haras de Mé-

zohegyes, dans les comitats de Komorn et de Csassad, ta-
chent d'une couleur sombre le pays qui les environne. Dans
le sud, Gorltz, (dont les frontières furent effleurées par le
passage de quelques corps francs); Trieste et la Carniole (où
stationnèrent les convois venant d'Italie ou y allant); furent
aussi sensiblement atteints, tandis que les cercles de Bruck
et le pays de Saltzbourg, éloignés du théâtre de la guerre,
furent épargnés.

« D'après le calcul précédent, *c'est un quart de million
d'hommes qui succomba au typhus, dans une année où la
la récolte fut partout satisfaisante, à la seule exception de
la Bukowine et de la Galicie orientale.* Le nombre des ma-
lades qui guérirent atteignit le double de celui des morts,
(si l'on veut étendre à la mornarchie cisleithane la base que
nous fournit la statistique hongroise). « QUELLE SOMME DE
MAUX, dit le correspondant de la *Gazette d'Augsbourg*
QUELLES PERTES DE CAPITAL ET DE TRAVAIL REPRÉSENTENT
DE PAREILS CHIFFRES POUR L'ÉTAT QUI LES SUBIT ! »

CORRESPONDANCE

Nous répétons spécialement ici que ces extraits ne sont
que des specimens très-imparfaitement choisis : pour
rendre justice à tous et citer tout ce qui mérite d'être cité,
il faudrait des volumes.

M. ELIHU BURRITT. Nous sommes heureux de donner en
entier ce témoignage d'un des plus nobles vétérans de
notre cause.

Birmingham, 21 juin 1869.

« Cher Monsieur,

« Je vous adresse mes plus vifs remerciements pour l'ai-
mable lettre par laquelle vous m'invitez à l'assemblée gé-

nérale de la Ligue. Je ne sais vraiment rien qui pût m'être aussi agréable que d'être présent à une cérémonie aussi intéressante. Malheureusement la faiblesse de ma santé et d'autres empêchements bien regrettables ne me permettront pas d'assister en personne à votre réunion. Mais mon esprit sera avec vous, ainsi que mes plus cordiales sympathies pour votre œuvre : personne ne voit avec plus de joie et de confiance vos travaux et vos succès. Si ma santé, si mes forces me le permettaient, avec quel plaisir je m'y associerais par mieux que des vœux et des souhaits ! Mais je sens que mes jours d'activité pour cette noble cause touchent à leur fin, et je crains bien de ne plus pouvoir lui rendre les services que je voudrais.

« Jamais un ami de la paix n'a suivi les progrès de votre société avec plus de joie que je ne l'ai fait : La *Ligue de la Paix* me paraît un rejeton de la noble semence qu'a jetée en France votre grand congrès de la Paix de 1849. Quand il n'aurait fait qu'éveiller en un petit nombre de cœurs jeunes et généreux un vivant intérêt pour la cause de la Paix, c'en serait assez pour son œuvre. Oui, les congrè pacifiques de Bruxelles, de Paris et de Francfort vont revivre ; et je les vois d'ici faisant le tour de toutes les grandes capitales d'Europe. A votre Ligue reviendra l'honneur d'avoir mis en branle ce mouvement, d'avoir poussé à la formation de nombreuses sociétés semblables dans les grands centres de l'opinion publique, qui formeront comme une corporation dévouée à votre cause. Est-il rien qui puisse mieux hâter la fraternité des nations, le règne de la paix et de l'amour mutuel entre les peuples? Il faut que les liens qui unissent votre Ligue et les *sociétés de paix* d'Angleterre et d'Amérique et des autres pays se resserrent toujours et toujours davantage ; l'échange de correspondance entre vous et eux sera pour tous une nouvelle source d'encouragement, de foi et d'espérance. *Je suis in-*

formé que les publications de votre société sont lues avec le plus vif intérêt aussi bien en Amérique qu'en Angleterre. Rien n'est propre comme cette *littérature de la Paix* à éveiller un ardent intérêt parmi les masses. Je lis vos rapports avec le plus vif plaisir et j'attends chacun d'eux avec impatience. Dans peu de jours j'espère vous envoyer un exemplaire de mes *lectures and speeches,* où vous trouverez les sentiments qui ont inspiré les travaux de 25 années de ma vie, et j'espère que mes tendances se trouveront être aussi les vôtres....

« En vous souhaitant toute espèce de succès dans votre grande œuvre, j'ai l'honneur d'être.....

ÉLIHU BURRITT. »

M. MOMBLET, *membre fondateur* (avec envois d'argent), *de St-Pierre Martinique,* pour lui et M. Pajot, libraire.

« Parmi les esprits élevés de tous les lieux et de toutes les époques, il est une communauté d'idées grandes et généreuses qui les fait fraterniser ensemble en dépit des distances et des siècles qui les séparent; et c'est là le véritable feu sacré, dont mieux que les vestales païennes les plus nobles enfants des hommes entretiendront toujours la flamme. »

J. Petit-Senn (*Bluettes et boutades*).

« Comme vous je déteste le désordre, les révolutions bruyantes et meurtrières qui ne servent que des ambitions sans grandeur, sans dignité, sans désintéressement: je désire que notre société marche vers le progrès *du pas ordinaire,* comme le disait un vieux militaire, sans jamais reculer; que les trésors de l'instruction soient à la portée de tous, et que le bien-être matériel soit donné par surcroît à l'homme intelligent et sobre que Dieu a fait pour jouir

avec mesure de tous les biens dont il comble l'humanité...
Chose étrange, trop souvent les ministres de paix ont peur
de ceux qui aiment et qui veulent la paix ; ils prêchent la
paix et bénissent les drapeaux et les armes du soldat qui va,
la tête troublée par les vaines fanfares de la gloire, commettre le fratricide le plus atroce, celui de tuer un homme
qu'il ne connaît pas, qu'il n'a jamais vu, un chrétien comme
lui, qui ne lui a jamais fait aucun mal; qui demain lui tendra
la main pour le relever de terre après lui avoir asséné, pour
la plus grande gloire de son roi ou de son pays, un furieux
coup de crosse, folie humaine ! Pourquoi ne pas commencer
par la fin, pourquoi ne pas vous embrasser avant la bataille,
puisque vous trouvez si beau de le faire après! »

M. Bonnet : de Lhoumeau-Pontouvre près Angoulème, re-
grettant de n'avoir pu assister à la séance du 24 juin, dit:

« La guerre est une bête féroce que les gouvernements
ont enchaînée ou excitée à leur gré ; la raison des peuples
peut seule étouffer ce monstre. Jusqu'ici le peuple a été
l'instrument de ses malheurs; il s'est mis lui-même la
bride, et les rênes ont été tenues par ceux dont il était la
dupe et la victime : il faut l'instruire, lui apprendre à
penser, à rectifier ses idées, et lui enseigner la politique;
dans un pays de suffrage universel, le droit de voter impose
aux citoyens le devoir de s'instruire.

« L'ouvrage mis au concours, » ajoute-t-il, « doit devenir le
Code des nations, la bréviaire des souverains, l'évangile du
clergé, le manuel du citoyen, la théorie du soldat et le *vade-
mecum* de tout le monde. »

« Le sujet devra être traité *sans crainte et sans haine* ».

M. GAUFRÈS, *président du consistoire protestant de Crest.*

« Dans ces derniers temps nous avons clairement compris en France la nécessité d'une modification de l'opinion publique, et la puissance de cette opinion même... »

... « Le second empire a pu, avec ou sans le concours du pays, nous engager dans les terribles hasards de la guerre. On peut juger diversement nos diverses expéditions ; on ne saurait nier que l'état de l'esprit public en France ne les ait singulièrement facilitées.

.... « A l'heure présente encore le chef de l'État dispose de la paix et de la guerre. Mais de plus en plus, cela est évident, cette étrange attribution perd son caractère pratique et se renferme dans le domaine de la théorie. Le sentiment national s'affirme avec puissance, et c'est en partie à ce sentiment qu'il faut faire honneur de la paix matérielle dont nous avons joui depuis trois ans. Il fut un temps où la guerre aurait pu être considérée comme un excellent moyen de jeter de la poudre aux yeux du pays ; aujourd'hui on pourrait craindre, en faisant la guerre, de se tuer soi-même....

.:.. « Il ne faudrait pas juger de l'influence de la Ligue par le nombre restreint de ses adhérents : la foule est grande de ceux qui, ne comprenant pas assez bien la valeur d'une adhésion publique, se disent en particulier et se montrent sincèrement sympathiques [1]. »

LE DOCTEUR L. GROUSSIN, *à Bellevue.*

« Plus je lis les feuilles de Paris, plus je m'étonne de ne pas voir tous vos collègues de la presse publier comme

---

[1] On a déjà remarqué cette observation dans d'autres lettres.

vous des bulletins de quinzaine, mieux encore, des bulletins de semaine ; plus je m'étonne de ne pas voir *tous les commerçants, tous les vendeurs de Paris souscrire, à bourse ouverte, à votre œuvre protectrice par excellence des actes de vente et d'achat* ; plus je m'étonne enfin de ne pas voir vous faire cortège les noms même les plus élevés du gouvernement actuel, puisque vous ne l'avez pas oubliée, cette promesse :

« L'Empire, c'est la paix. »

M. MAZE (HIPPOLYTE), professeur d'histoire au Lycée de Versailles, en insistant sur l'utilité de conférences et de lectures reproduit ces paroles de sa leçon d'ouverture à l'École supérieure d'Angers :

« En principe la guerre est toujours un mal. L'histoire
« montre que la paix est surtout nécessaire au développe-
« ment des forces matérielles et morales de l'humanité, à
« la diffusion des lumières, à l'expression de toutes les
« libertés. »

M. G. LUSHINGTON, à Londres, demande des renseignements « pour un membre du Parlement qui veut (tâche malheureusement nécessaire) faire à la chambre l'exposé du *système absurde et vicieux des armées permanentes*. Pour cela, à vrai dire, la statistique devrait être de trop. Une armée permanente est une chose monstrueuse — que le nombre et la dépense en soient plus ou moins énormes. — Mais la statistique a cela de bon, qu'elle offre la mesure de l'impôt payé par l'Europe pour les armées permanentes, et qu'elle montre aussi comment le mal va en augmentant d'année en année. D'autres conséquences, la perte pour l'industrie, la corruption des mœurs et de la santé, la provocation à la guerre, sont tout aussi réelles et encore plus redoutables : mais elles ne se laissent pas aussi aisément démontrer à une assemblée encore à *demi-féodale.* »

M. E. HANGAR, *avocat, ancien magistral, à Toulouse.*

« Oui, par écrit, par la parole, par tous les moyens en mon pouvoir, je déclare que je ferai tout au monde pour voir se réaliser ce vœu de toute ma vie. »

M. BEAUMARCHEY, d'Aix, un des premiers membres de la Ligue, rappelle qu'il a depuis longtemps fait appel à la puissance de l'opinion pour réfréner la guerre.

M. ***, *à Paris.*

« Ne pourrait-on pas faire un petit livre très-intéressant et très-utile à l'idée de la paix, en *recueillant dans les récits de batailles des épisodes*, qui seraient reproduits sans la moindre réflexion. Les publications relatives à l'armée, à la fabrication des armes par le ministère de la guerre, l'étude approfondie, scientifique, de la *machine à tuer*, fourniraient aussi des documents qui habilement groupés pourraient, je crois, avoir une signification terrible.

« Par exemple. Bataille d'Austerlitz, « L'artillerie des Russes s'engage sur un pont qui se rompt ; les troupes qui l'ac-compagnent se rejettent sur l'étang de Pelnitz, gelé depuis quelques jours. Mais Napoléon fait aussitôt diriger sur ces malheureux le feu de ses batteries. La glace est brisée par nos boulets et par le poids d'une si grande masse ; elle s'effondre subitement et plusieurs milliers d'hommes sont engloutis vivants. Le lendemain on entendait encore leurs cris et leurs gémissements. »

« Autre : « Résumé des dernières expériences faites au camp de Châlons, sur les résultats *utiles* du tir des nouveaux engins de destruction. 150 chasseurs à pied ont prouvé qu'il ne fallait qu'une minute environ à une compagnie d'infanterie pour anéantir à un kilomètre deux escadrons de cavalerie, etc., etc. »

« La fusée du commandant Maucourant, expérimentée devant l'Empereur, *a donné les meilleurs résultats*. Il a été constaté avec le plus grand soin qu'avec des fusées pareilles, à un kilomètre, les 48 pièces d'un corps d'armée, la distance étant bien appréciée, pouvaient détruire en 2 ou 3 salves, c'est-à-dire en moins d'une minute, tout un régiment de cavalerie. »

" L'étude de la fabrication des armes blanches devrait donner aussi des choses très-gracieuses au point de vue des rapports de l'homme avec l'homme.

« Il me semble que ces immondices de la barbarie, racontées avec sang-froid, — mieux que cela, *complaisamment*, — pourraient produire un grand effet même sur les indifférents.

« Je pensais aussi qu'on pourrait alterner avec tout ce qu'il y a de plus exquis dans l'âme humaine, une colonne à la guerre, une colonne aux héros de la charité. Qu'en dites-vous ? »

Dans une autre lettre, le même correspondant écrit :

" Vous me demandez, monsieur, si vous pouvez disposer de mes lettres. Ce serait pour moi un grand bonheur qu'un mot de moi eût quelque valeur et fût utile dans la plus petite proportion à l'œuvre. Mais si cela était, veuillez, je vous prie, ne pas dire mon nom ; par deux raisons, la première, et très-sincère de ma part, est que je suis persuadé que ce que je pense est pensé et bien plus fortement par tant d'autres, et mieux dit : la seconde est que dans ce monde français, si intelligent, si charmant, qui se dit le plus spirituel de la terre, si un homme, qui a une certaine position dans la spécialité qui lui donne à vivre, peut être suspecté d'avoir le cœur et l'intelligence un peu ouverts à autre chose qu'à ce qu'on appelle ses fonctions, il est perdu :

il perd toute valeur là où on croyait qu'il était quelque chose.

« Ai-je tort ? »

Pas trop hélas ! et c'est là assurément un des plus grands travers et des plus grands maux de ce pays.

M. LINDQVISTER, de Fjellbacka, Suède, un de nos sociétaires, écrit, le 25 juillet :

« Je suis heureux de pouvoir vous dire que la majorité du peuple de ce pays se préoccupe sérieusement de la question, et que *partout*, dans notre pays, règne un dégoût général, universel, pour cet *abattoir humain contre nature* qu'on appelle la guerre.

« Pour nous aussi l'armée, toujours debout, toujours inutile, et toujours occupée à dévorer notre budget, est un grave souci ; c'est *un clou dans notre œil* (die nagel in Auge) : il faut qu'on en vienne à bout. Et c'est à quoi nous réussirons, et peut-être avant tout autre pays.

« Lors de la dernière session, un député de la seconde Chambre proposa au gouvernement un amendement tendant à lui faire tenter, par voie diplomatique, une démarche auprès des différentes cours d'Europe en vue du désarmement. Cette proposition trouva un accueil enthousiaste ; cependant la majorité pensa que le rôle de la Suède, vis à vis des autres États, est trop peu considérable pour qu'on pût espérer le succès de cette démarche. Mais l'objection a été victorieusement réfutée ; et, la demande va être renouvelée, lors de la prochaine réunion des chambres : le gouvernement sera probablement contraint de faire ce premier pas... Ce sont souvent de petits États qui ont pris l'initiative des plus grandes choses ; et si nous pouvons compter sur l'appui de la Ligue, nous ne doutons pas d'atteindre notre but.

« Je ne puis m'empêcher de vous rendre attentif à ce fait

que l'ancienne inimitié nationale contre le Danemark et la
Russie, qui pendant de longs siècles nous a valu tant de
guerres sanglantes, a presque entièrement disparu. Ce
changement remarquable est dû aux principes d'humanité
enseignés aujourd'hui dans nos écoles primaires, et de
bonne heure inculqués dans l'âme de nos enfants : nos
jeunes générations *maudissent* ces massacres affreux et
inutiles qui n'ont d'autres résultats que la ruine de tous
et l'anéantissement des liens les plus sacrés... »

M. Lindgvister parle ensuite des services rendus à la
cause de la paix par M. L. J. Hjerta, rédacteur en chef « du
plus grand et plus populaire journal de Stockolm, journal
qui est lu partout et jouit d'une grande et légitime influence; »
et pareillement par M. S. A. Hedlund, de Gothemburg, rédacteur en chef du *Landeszeitung...* « Tous deux ont visité
la France et connaissent la langue française. Tous deux
sonneront l'alarme de tous leurs clairons, et votre généreuse entreprise trouvera accès dans tous les cœurs. Déjà
« *les maux de la guerre et les bienfaits de la paix,* » ainsi
que « *l'Évangile de Paix* » sont traduits en Suédois et largement répandus par le pays ; et les deux journaux ci-
dessus ont promis de tenir le public au courant des gestes
de notre ligue .. »

Congrès agricole de Nancy

Un ami de la Paix, M. Guillebert, nous envoie un récit
intéressant du banquet, « pacifique, celui-là, qui vient de
clore le congrès agricole de cette ville.

« Trois cents convives environ, agriculteurs ou éleveurs
venus de tous les points de la France et de l'Allemagne,
savants ou professeurs de la Faculté, simples amis enfin,
mais amis fervents des arts et de la Paix, se sont assis, le
samedi 26 juin, autour d'une table dressée dans la salle des

séances du Congrès. « *La Liberté et la Paix,* » ces deux mots pourraient très-bien résumer le caractère des vœux émis successivement par plus de quinze orateurs français, belges ou flamands, et appuyés par les applaudissements de l'assemblée entière. Après une allocution pacifique et libérale de M. *Drouyn de Lhuys,* président du Congrès, M. *de Rath,* président de la société agricole de Bavière a vivement ému l'auditoire par un chaleureux appel à *l'union et à la fraternité des peuples:* «Nancy, a-t-il dit, Nancy est un exemple de cette fraternité utile, nécessaire, qui peut, qui doit s'établir entre les nations par l'harmonie et par la Concorde. »

M. Lejeune de Metz, écrit, à propos de ce même Congrès :

« Toute la session du Congrès a eu ce caractère pacifique qu'a réalisé en tout point le banquet. Les étrangers ont parlé de paix dès la première heure, et toujours ils ont été applaudis, autant pour leur qualité d'étrangers que pour les excellentes choses qu'ils ont dites... »

Journal de Genève, 8 *juin* 1869

L'autre jour, à Fribourg, qui avance bien, les sociétés de *bien public* de la Suisse Romande étaient réunies dans des dispositions que je crois analogues et sympathiques à celles qui ont dicté la création de la Ligue de la Paix.

« Dans cette réunion où de fougueux radicaux fraternisaient avec des conservateurs décidés, où le libre penseur devisait amicalement avec le ministre protestant et le curé catholique, on sentait bien vivement que dans notre Suisse la Liberté et le bien public dominent toutes les divergences confessionnelles et politiques. *Plus on s'élève,* a dit éloquemment M. Pictet de Sergy, en répondant au toast du Révérend Père capucin Rœmy, *plus on se rapproche.* »

Appel à l'industrie et au commerce

Les réflexions suivantes, formulées par M. Nottelle et
publiées dans plusieurs journaux, sont de nature à frapper
l'attention des hommes d'affaires intelligents : nous les re-
produisons à leur intention, avec les quelques lignes dont
nous les avons accompagnées dans l'un des principaux
journaux de Lyon :

Des Droits et des Devoirs du Commerce et de l'Industrie.

« Il a paru il y a quelques jours, dans un journal pari-
sien, l'*Universel*, un article d'un caractère particulier, auquel
il n'a pas, à notre avis, été fait une attention suffisante. Ce
n'est rien moins qu'un appel à l'influence politique et sociale
du commerce et de l'industrie, et peut-être n'est-ce que
le premier pas dans une voie nouvelle qui sera celle de
l'avenir. Nous croyons, par ces motifs, devoir reproduire
la majeure partie de ces curieuses et remarquables réflexions !...

« L'ambassadeur de Suède, ayant à traiter une question
commerciale avec François Ier, commençait par le supplier
de daigner agréer ses excuses de ce qu'il était forcé de
l'entretenir de petitesses si indignes de Sa Majesté. Si nous
apprenions qu'aujourd'hui pareil langage a été tenu dans le
cabinet d'un chef d'État la rougeur nous monterait au front.
Le langage a changé, sans doute, mais les traditions sont
restées les mêmes.

« Sauf quelques velléités économiques très-subordonnées,
la politique est toujours la doctrine qui a pour base la
supériorité militaire, partant la domination et la conquête,

la suzeraineté, l'intérêt des dynasties et le partage, selon leurs hautes convenances, de ce qu'elles nomment si modestement *leurs peuples*. Il semble que, aveuglés par ces vieilleries, tous les gouvernements, plus ou moins personnels, aient perdu la compréhension du temps où ils vivent.

« Ainsi, tandis que les peuples cèdent à l'irrésistible besoin de se rapprocher, de se pénétrer les uns des autres, d'adoucir par le contact mutuel leurs aspérités de race et de traditions, de substituer enfin dans leurs rapports la loi du travail, source de tout droit et de toute justice, au prétendu droit de la guerre, qui n'est que l'exercice de la violence et de la spoliation, les gouvernements troublent encore la conscience universelle en lui jetant ces mots, fatals aujourd'hui : gloires des batailles ! civilisation de la guerre ! Ils s'entourent des plus formidables armements qui aient jamais existé dans le monde, et ils s'efforcent de concentrer sous leur main toute la population virile afin de pouvoir, à leur première volonté, la lancer sur les champs de carnage.

« Mais, pour Dieu, contre qui donc est organisé cet épouvantable attirail ? Quel est le peuple qui nourrit le noir projet d'égorger les autres ? Dans quel coin du monde se dérobe-t-il aux regards du vulgaire ? O gouvernements qui vous plaisez à répéter sans cesse (avec raison, j'aime à le croire) que la Providence vous a délégué la mission de vous dévouer à notre bonheur, laissez au moins ce bonheur se faire tout seul par le moyen si simple de nos commerces pacifiques. Vos préoccupations presque exclusives pour les moyens de destruction et de carnage finiraient par exposer la Providence, au reproche d'avoir commis une singulière erreur à notre préjudice.

« Cherchons la vérité sans parti pris. Supposons l'habitant d'un autre monde observant l'état de l'Europe duquel il est complétement désintéressé. Son attention ne sera-t-elle pas tout d'abord frappée par un fait étrange, inouï dans les annales du monde ? A mesure que s'accroît le mouvement qui rapproche pacifiquement les peuples, s'accroissent dans la même proportion les armements et les institutions militaires qui tendent à les diviser et à en faire des ennemis. A quelque influence qu'elle soit due, question que je ne veux pas approfondir ici, cette déplorable contradiction n'accuse-t-elle pas nettement la présence, dans l'état social, d'un élément malsain qui doit en être éliminé ?

« En somme, il y a, en ce moment, en Europe, 6 à 7 millions de soldats prêts à entrer en ligne dans l'espace de quelques mois, et placés sous la volonté immédiate de gouvernements s'observant les uns les autres avec une jalouse défiance. Il suffirait que l'un deux s'avisât tout à coup de comprendre l'intérêt de *ses peuples* d'une façon trop *glorieuse*, pour donner le branle et provoquer peut-être une conflagration européenne.

« *Voilà où l'industrie et le commerce ont laissé aboutir la politique, faute de savoir s'affirmer.* Industriels et commerçants, ayons donc le sentiment profond de cette vérité, aujourd'hui vulgarisée : NOUS SOMMES LE TRAVAIL, ET LE TRAVAIL EST LA LOI SOUVERAINE DES TEMPS MODERNES. Il ne faut plus que la politique le soumette à ses exigences surannées, ni que la force militaire fasse planer sur lui une perpétuelle menace. La politique ne doit être que sa metteuse en œuvre, son intendante ; et la force militaire son serviteur armé.

« La guerre, surtout la guerre européenne, n'est plus de notre temps. Si l'on se rendait compte de ce que l'effroyable puissance de ses moyens produirait dans les conditions économiques actuelles, si l'on songeait que dans l'immense diffusion des intérêts, le contre-coup des catastrophes commerciales qui marcheraient à sa suite n'épargnerait pas une seule position ; tout ce qui tient en main une charrue, un outil industriel ou un livre de commerce se lèverait comme un seul homme pour dire : Nous n'en voulons pas. Nous payons notre dette à la société en produisant la richesse générale, notre devoir est de revendiquer un état politique qui nous garantisse de la spoliation et de la ruine, résultats que, toujours et nécessairement, la guerre entraîne pour un grand nombre d'entre nous.

« Ce n'est pas tout. Tandis que le gouffre du déficit se creuse dans nos finances avec une régularité désespérante, le commerce oscille de crise en crise à la recherche impossible de la sécurité. Dans l'énervement du malaise, nous nous en prenons parfois aux questions de tarifs. Bien à tort, selon moi.

« Il faut avoir le courage d'aller au fond des choses, et de chercher la source du mal là où elle est réellement: dans les charges accablantes de la paix armée, qu'on nommerait plus exactement *la guerre préventive*. Voilà l'abus contre lequel nous devons réagir de toutes nos forces, dans la limite extrême de notre droit légal. D'abord, pour nous décharger d'un insupportable fardeau, et puis, parce que l'émulation des armes est l'acheminement à la guerre réelle. Mais pour Dieu, ne nous divisons pas sur des questions d'intérêts particiels. Pénétrons-nous bien de ceci : c'est que quand l'industrie se sera soustraite à la pression de la politique militaire, sous l'impulsion de sa force intelligente et féconde, les tarifs se nivelleront naturellement aux exigences des intérêts généraux.

« S'il y a lieu d'appliquer l'axiome : Vouloir, c'est pouvoir, c'est bien quand il s'agit d'un résultat conforme à la justice et à la logique des choses. Ayons donc la volonté, nous serons ce que nous devons être, et nous prendrons dans la direction générale des affaires la part proportionnelle à notre importance. Renonçons aux habitudes d'effacement dont nous cherchons le prétexte dans nos occupations, et qui sont en désaccord avec les besoins de notre époque. Regardons-nous comme perdus les quelques fonds que nous employons à assurer contre les sinistres accidentels ce qui constitue notre position et l'avenir de nos familles ? Eh bien ! les courts instants, ou les dépenses minimes que nous consacrerions aux affaires publiques ne sont-ils pas réellement une assurance de sécurité contre les sinistres que peut amener pour nous la politique conduite en dehors de nos intérêts ? »

« M. Nottelle a raison, et l'on ne saurait trop insister sur ces vérités. En France, la plupart du temps, quand vous parlez à un industriel, à un commerçant, à un banquier, de quelque abus à redresser, de quelque amélioration à réaliser, il vous répond qu'il fait des vœux pour que l'on y parvienne, mais qu'il ne peut que faire des vœux ; « *Je suis dans les affaires,* dit-il, *je ne signe rien* ».

« En Angleterre, en Belgique et ailleurs, c'est le contraire.

« On trouve des hommes d'affaires partout où se discute quelque question d'intérêt public, et l'on peut dire que c'est par eux que se font presque toutes les réformes. Quand ils ne prennent pas eux-mêmes la plume ou la parole (ce qu'ils ne sont nullement embarrassés de faire en général), ils inspirent au moins, ils dirigent, ils soutiennent de leur argent, de leur crédit, de leur présence, les hommes qui parlent et qui écrivent ; ils sont de tous les comités, et leur main rompue à l'administration se fait partout sentir. Wilson n'a pas moins fait, de l'aveu de beaucoup, pour le développement et le succès de la ligue anglaise, que Bright et Cobden ; celui-ci sortait d'une fabrique, d'ailleurs, pour emplir de son nom et de son influence l'Angleterre et le monde ; et celui-là reste aujourd'hui encore à la tête d'une manufacture, gouvernant à la fois ses ouvriers comme industriel et son pays comme ministre.

« Le moindre des avantages de cette manière d'être, c'est de couper court à cette perpétuelle opposition entre la pensée et l'action, à ce divorce entre ce que l'on appelle les hommes de *théorie* et les hommes de *pratique*, qui est la plaie de notre pays. C'est de mettre fin à ce mutuel dédain, aussi funeste qu'injuste, et de réunir pour le bien commun toutes les forces et toutes les bonnes volontés. C'est de mettre enfin à son rang, qui est le premier, la première des puissances, le travail, en la rendant digne de ce rang. La richesse, de nos jours, comme la noblesse jadis, est battue en brèche. A elle de comprendre ce que n'a pas toujours assez compris peut-être sa devancière, que puissance oblige, et qu'il ne suffit pas, pour jouir en paix du fruit de son travail, d'avoir conquis l'aisance ou l'opulence par ses efforts, qu'il faut encore l'honorer et la glorifier par ses services.

FRÉDÉRIC PASSY.

P. S. M. Nottelle a pareillement publié, dans le même journal, une pétition au Sénat pour la substitution du *ministère de la* DÉFENSE NATIONALE au *ministère de la* GUERRE, qu'on peut trouver et signer, rue *Cujas*, 15.

F. P.

APERÇU DES JOURNAUX qui se sont occupés de la Ligue de la Paix ; quelques-uns pour la combattre, presque tous pour la soutenir.

Journal des Débats, Temps, Universel, Français, Liberté, Journal de Paris, Gazette de France, Univers, Monde, Peuple, Gaulois, Figaro, Phare de la Loire, Écho Nantais, France, National, Le Capital, Journal des actionnaires, Économiste Français, Revue Britannique, Correspondant, Moniteur Universel.

Union libérale de Seine-et-Oise, *Revue de l'Instruction publique, Journal de Toulouse, Sémaphore, Indépendance Belge, La Bourse Comique, Rappel, Tribune, Progrès Libéral* de Toulouse.

Journaux de *Malines* ; *Moniteur du Calvados* ; *Correspondance* de Stockolm ; *Journal de Gothemburg,* Id. de *Stockolm* ; les journaux anglais : la *Free Press* et le *Bond of Peace* de Philadelphie ; *Union de la Paix* du Havre ; — *Herald of Peace.* — *Gazette Universelle* d'Augsbourg ; *Gazette Illustrée* de Leipsick ; *Union fraternelle des travailleurs,* de Liége ; *Hochdeutscher Postcurrier,* le *Corrézien; Bulletin diplomatique* de Madrid.

Revue chrétienne ; *Journal de Genève* ; *Annuaire philosophique; Diplomatie rewiew; Archives Israélites* ; *La Famille, Revue Suisse* ; *Financial reformer* ; *Umanitario,* de Palerme; *Le Croisé; Bulletin de la Société industrielle* de Reims ; *Almanach Franklin* de Liége ; *Almanach des Soirées populaires* de Verviers, *Journal de Mannhein; Non Conformist* de Londres ; *Journal d'Anvers; Opinion* d'Anvers; *Il Presente,* de Parme; *Roma,* de Naples ; *Impartial du Centre* ; *Commune,* de Nancy ; *Étendard* ; *Moniteur de l'Eure; Progrès* de la Côte-d'Or ; *Union démocratique* de Cedarburg (Wisconsin); *Gazette du Village ; Revue de Belgique; La paix,* de Bruxelles ; *Le Franklin,* de Liége ; *l'Économie Chrétienne,* de Liége ; *Journal de Montélimart ; l'Union Suisse ; Chronique Genevoise ; Feuille du Dimanche* de Verviers; *Sétifien; Journal d'Agriculture; Univers Israélite, Hejmdal,*

Progrès de Bruxelles. *Progresso* de Buenos Ayres. *Indépendant du Midi* (de Nîmes). *Courrier du Gard. L'indicateur* de la Vendée. *L'Impartial du Centre* (à Nevers). *L'Alsace. Le Courrier de l'Ain. Le Courrier de Vosges. Il Tempo* (Venise). *Courrier de Strasbourg. Industriel Alsacien. Progrès* de Lyon, *Salut Public,* id. *Messager du Midi,* etc., etc.

Nous trouvons dans l'une de ces feuilles, le *Corrézien*, avec quelques lignes très-sympathiques du destinataire, la lettre ci-après de M. l'abbé Garaude; nous croyons devoir reproduire, avec son caractère et son accent, ce nouvel encouragement de notre vénérable et infatigable coopérateur.

—

A M. Emmanuel Crauffon, avocat, rédacteur du Corrézien.

Roche-le-Peyroux, le 17 juillet 1869.

« Monsieur,

.... « Je vous félicite sur votre adhésion à la Ligue internationale de la Paix. Vous lui serez éminemment utile. Vous êtes jeune, plein d'ardeur; vous avez à votre discrétion les ressources de la publicité ; vous travaillerez donc à vulgariser les idées pacifiques et les idées hostiles à toute guerre injuste. Il faut crier du haut des toits: plus de guerre entre les peuples ! paix entre les nations !

« L'Évangile tout désarmé a renversé l'idolâtrie avec ses ridicules, ses infamies et ses fureurs sanguinaires: il a relevé la dignité humaine, a proclamé la sainte égalité religieuse et sociale, et soufflé partout les feux de sa charité. Il a frappé de ses coups mortels l'horrible esclavage qui courbait dans l'avilissement les trois quarts de la race humaine. Et cependant cet arbre maudit avait poussé de profondes racines et produisait les fruits les plus amers. Il couvrait le monde entier de son ombre fatale. Qui osera porter ses mains irritées dans son épaisse chevelure et tenter de l'ébranler? Ce ne seront pas les riches et les puissants du monde qui l'arrosent des larmes des malheureux pour en entretenir la vigueur; ce ne seront pas les peuples brisés par le poids de leur servitude ; hélas! ils sont sans force et sans moyens pour rompre leurs chaînes. uis ils se figurent que cet état d'abrutissement est la condition normale de leur existence. Qui donc portera les premiers coups au monstre si puissamment cuirassé? Ce sera l'Église, par ses saintes hardiesses. Elle harcellera l'ennemi chaque jour, jusqu'à ce qu'elle l'ait forcé à rougir de sa hideuse nature. L'Église put même tourner de son côté les protecteurs intéressés de l'odieux préjugé. A partir de cette alliance on put écrire l'épitaphe du tyran et faire luire aux yeux des peuples réveillés et étonnés de nouveaux et de meilleurs jours.

« Ici, monsieur, vous le savez, ce ne sont pas des phrases, c'est de l'histoire. L'Évangile, et la civilisation qui l'accompagna toujours, ont opéré cette étonnante transformation ; mais ce n'est ni sans persévérance ni sans efforts. Les naïfs qui ne sortent point de l'étroit cercle de leur presqu'inutile existence, qui n'élèvent jamais leurs idées au-dessus de leur taille moyenne, se riaient des premières tentatives : c'était le serpent qui voulait ronger la lime, le nain qui voulait abattre le géant. Eh bien, qui a eu raison ? L'état actuel de la société répond. Il en sera ainsi du troisième préjugé. Les moyens destructeurs qui l'attaquent prennent de l'extension et se condensent.

« On ose faire justice aujourd'hui de ces entraînements enthousiastes, ambitieux et irréfléchis qui précipitent les nations sur les champs de bataille. La raison, la conscience et l'humanité poussent des cris de malédiction contre les scènes de sang et de carnage. On travaille à démasquer la fausse gloire des vainqueurs ; des éclairs multipliés dissipent les ténèbres et l'on relance de nos temps cette flèche aiguë de Racine :

> La victoire, Cléon, n'est pas toujours si belle !
> La honte et le remords vont souvent après elle.

« Espérons donc le triomphe de la sainte cause de la justice et de l'humanité, mais n'oublions pas les conseils si chaleureux de M. Rozy, le docte professeur de droit à Toulouse.

« Ne craignons pas de travailler en vain. Trois grands préjugés, impliquant trois grandes erreurs, l'idolâtrie, l'esclavage et la guerre, ont fait la honte et le malheur de la pauvre humanité. Les deux premiers ont disparu et n'existent plus qu'à l'état fossile. La guerre va disparaître à son tour.

GARAUDE, PRÊTRE

Publications diverses favorables à la cause de la Paix

La Guerre, par *Nollelle*; (au Secrétariat);

L'Invasion de 1814 dans la Haute-Marne, par *M. Steenackers*, membre du Corps législatif ;

Pernette, par *de Laprade*, de l'Académie.

La ligue de la Paix, appel aux catholiques, par *G. Seigneur*, rédacteur en chef du *Croisé* ;

L'Égalité Chrétienne, par *Pelavel Olliff* ;

L'Anniversaire de Waterloo, par *Jean Macé* ;

La Guerre, poésie, dans le *livre des enfants et des adolescents* de Mme *Gael* ;

La Guerre, poésie, par *Lacombe* ;

La Guerre, par l'abbé *Garaude* ;

La Guerre et l'Humanité, par *Léonce de Casenove* ;

La meilleure organisation de l'armée, par *Millaud* ;

Te Deum Laudamus, poésie, par *Al. Richard*.

Souvenirs d'un Ex-Officier ;

La France et la Prusse responsables devant l'Europe, par *Guizot* ;

Neutralité des militaires blessés, par *G. Moynier* ;

La Guerre et l'idée Congressiste, *Prague* ;

Les Antécédents historiques du Congrès, par *A. Feillet* ;

Dritto Della Pace, par *Vitaliano Saballini*, de Naples;

Del Dritto naturale per la pace, a della giusta richlamazione contra l'inumana uzanza della guerra, par le même; par le même,

Appel d'un protestant au Pape, par D. Urquhardt.

De l'effet du Tir, à la Guerre, par *J.-J. Moschell* ;

Meetings de la Société pour l'encouragement des Arts, Manufactures et commerce de Londres ;

Étude pratique *sur la question de la Paix* ; etc., par *Piclet de Sergy*, président du Comité genevois;

Tableau de l'europe politique et sociale, par M. *Block*.

Pétition des Catholiques Anglais ;

Le Bouclier des Peuples, par la *Collerie* (romance);

Lettres d'un électeur urbain, par. *L. Montigny* ;

La question sociale, par *Schullze Delitsch* ;

Le Crime de la Guerre, par *F. Mennet*, de Genève ;

Napoléon 's Centenary, or the verdict of posterity, par la Société de la Paix, de Londres;

La peine de Mort, par *Petit de Latour* ;

Le bien-être de l'Ouvrier, et ne Fuyons pas les campagnes, par l'abbé *Tounissoux*.

Les Annexions, par *V. Cassaigne*.

etc., etc., etc.

Membres fondateurs de la Ligue

Dans l'impossibilité de donner, sans allonger outre mesure le volume et en retarder encore la publication, la liste complète des membres de la Ligue, nous donnons seulement ici les noms des membres *fondateurs*, et la composition des comités de Lyon, de Genève et italien.

*Liste générale des fondateurs de la Ligue Inter-
nationale et Permanente de la Paix au 1er
Août 1869.*

FONDATEURS

MM.

1. Jules ALLIX, à Paris.
2. ALTGELD, conseiller intime de régence à Dusseldorff
   (Prusse Rhénane).
3. ARDOIN, banquier, 60, rue de Provence.
4. ARLÈS-DUFOUR, à Oullins, près Lyon, *vice-président.*
5. G. ARLÈS-DUFOUR, 9, Place Tholozan, à Lyon.
6. AUBRY, négociant, à Mirecourt (Vosges).
7. F. BARTHOLONY, président du conseil d'Administration du chemin de fer d'Orléans, 12, rue Laroche-
   foucauld.
8. BOURCART fils Cⁱᵉ manufacturiers, à Guebwiller (Haut-
   Rhin).
9. B. BRUNET, 10, place de la Bourse.
10. BRUNETEAU, avocat, membre du Conseil Général, à
    Nantes.
11. Elihu BURRITT, consul d'Amérique, à Birmingham
12. Césare CANTU, ancien député au Parlement italien,
    à Milan.
13. CARTIER-BRESSON, négociant, 86, boulevard de Sébas-
    topol.
14. E. CAVAGLION, 4, rue de Provence.
15. La CHAMBRE DU COMMERCE de Nimes.
16. Michel CHEVALIER, sénateur, membre de l'Institut

etc., 27, avenue de l'Impératrice, *vice-président.*

17. Alphonse CLAIRIN, 177, rue de Vaugirard.

18. Christian CLOPET, architecte, 70, avenue de Neuilly.

19. De LA CODRE, de l'Académie de Caen, à Caen.

20. Le COMITÉ DÉMOCRATIQUE de Montevideo (Uruguay).

21. B. Isaac COOKE, ancien secrétaire de la Société de la Paix, Browos Buildings, à Liverpool.

22. Auguste COUVREUR, membre de la Chambre des représentants de Belgique, rédacteur de *l'Indépendance Belge*, etc., à Bruxelles.

23. Le baron F. DIERGARD, à Vierssen (Prusse Rhénane).

24. Jean DOLLFUS, ancien maire de Mulhouse, *vice-président.*

25. G. DORNBUSCH, esq. Londres.

26. Le comte de DREUILLE, à Dreuille (Allier).

27. Adolphe D'EICHTHAL, 98, rue Neuve des Mathurins.

28. Gustave D'EICHTHAL, 100, rue Neuve des Mathurins.

29. FARJASSE, ancien représentant, rue d'Enfer, 39.

30. Carlos FOREL, ancien représentant, à Margency (Seine et Oise).

31. Louis-Richard FORS, rédacteur en chef *del Progresso* à Montevideo.

32. Henri FOULD, 7, passage des Petites-Écuries.

33. Joseph GARNIER, rédacteur en chef du *Journal des Économistes*, professeur à l'école impériale des Ponts et Chaussées, secrétaire du Congrès de la Paix en 1849. 14, rue Richelieu.

34. J. DE GASTÉ, ingénieur en chef de la Marine, membre du conseil général de la Manche, 34, rue St Roch.

35. Nicolas Louis GAUTHERON, 47, boulevard Sébastopol.

36. A. GRATRY, de l'Oratoire, membre de l'Académie française, 31, rue Barbet de Jouy.

37. J. GRISON, de Valparais, à Bonno, (Prusse).

38. Édouard GUYOMARD, à Guingamp, (Côtes-du-Nord).

39. A. HAREL, maître de forges, à Vienne, (Isère).

40. S. A. HEDLUND, rédacteur en chef du journal *le Commerce*, membre de la seconde chambre, à Gothembourg, (Suède).

41. Dr. S. S. P. HEYE, à Amsterdam, Prinsengracht.

42. ISIDOR, grand rabbin du Consistoire central Israélite, à Paris.

43. Théodore KIENER, négociant, 8, rue du Sentier.

44. LABÉLONYE, ancien membre du Conseil municipal de Paris, etc., 21, rue d'Hauteville.

45. A. LARRIEU, à Fontenay sous Bois, (Seine).

46. LECLAIRE, de la maison Defournaux, Leclaire et Cie, 11, rue Saint-Georges.

47. Le DOYEN, ancien banquier, 52, rue de Bourgogne.

48. LEFÉBURE DE SAINT-MAUR, notaire, 77, rue d'Aboukir.

49. Jules LEJEUNE, avocat, à Metz (Moselle).

50. Paul LEROY-BEAULIET, 40, rue Godot de Mauroy.

51. Le baron Justus de LIEBIG, à Munich. *Vice-Président.*

52. Jules LUYS, médecin en chef de l'hôpital d'Ivry.

53. MARTIN PASCHOUD, pasteur de l'Église réformée de Paris, 198, rue de Rivoli.

54. J.-B. Adolphe MARILLET, ancien négociant, 12, rue de Trévise,

55. E. MAUMENET, à Nîmes.

56. MAZAROZ, RIBAILLIER, fabricant, 4, rue Ternaux-Popincourt.

57. MOIGNEU, 20, rue de Lubeck.

58. A. Monclar, propriétaire, à Alby (Tarn).

59. Adolphe Morin, maire de Dieulefit (Drôme).

60. Nottelle, négociant, 39, rue Réaumur.

61. J.-R. Olivier, 41, rue Richelieu.

62. P. Paillottet, ancien vice-président des Prudhommes de Paris, 69 *ter*, boulevard de la Reine, à Versailles.

63. J.-M. Pastor, sénateur, ancien ministre des finances, président de l'Association espagnole pour la réforme douanière, etc., à Madrid. *Vice-Président.*

64. Frédéric Passy, *Secrétaire général.*

65. Peace Society, à Londres, 19, New-Broad-Street.

66. Émile Peugeot, manufacturier, à Valentigney (Doubs).

68. H. Peut, publiciste, etc., 2, avenue de l'Impératrice.

69. Pichon-Lamy et Dewez, libraires-éditeurs, rue Cujas, 15.

70. Ed. Potonié, fondateur de la *Ligue universelle du bien public*, etc., 5, rue de Belleyme.

71. Manuel Garcia Quijano, ancien négociant, 148, boulevard Richard Lenoir.

72. Raffinesque, docteur-médecin, 28, rue de la Tour, Passy-Paris.

73. A. Ch. Renouard, membre de l'Institut, conseiller à la Cour de cassation, président de la Société des économistes, 19, rue de Provence.

74. Charles Reymond, propriétaire, 88, boulevard de Courcelles.

75. B. J. Roepen-Bosch, négociant, à Utrecht (Hollande).

76. Schaetzen, magistrat, à Tongres (Belgique).

77. C^{esse} de Sellon de Budé, à Aigle, Vaud, Suisse.

78. G. F. SIRTEMA, baron de GROVESTINS, 10, Avenue de Neuilly.

79. Napoléon SUSINI, conducteur des Ponts et Chaussées, à Corte, (Corse).

80. La SOCIÉTÉ DES CONFÉRENCES de MONS (Belgique).

81. La SOCIÉTÉ DES CONFÉRENCES de VERVINS (Belgique).

82. G. STEINHEIL, manufacturier, à Rothau (Vosges).

83. STROBEL (Pellegrino), professeur à l'Université de Parme (Italie).

84. Charles SUMNER, membre du Sénat des États-Unis, à Boston. *Vice-Président.*

85. J. A. S***, à *** *Vice-Président.*

86 TRUELLE, juge au Tribunal de Commerce, 15, rue de la Verrerie.

87. Édouard VALPINION, 22, rue Taitbout.

88. Docteur de VARRENTRAPP, à Francfort-sur-le-Mein.

89. De VATRY, ancien député, 5, avenue Montaigne.

90. VERGNIOLLE, 9, rue Lepelletier.

91. Louis VIARDOT.

92. Auguste VISSCHERS, membre du Conseil des mines de Belgique, président du Congrès de Bruxelles, en 1848, vice-président du Congrès de Paris, en 1849. etc., *Vice-Président.*

93. J. WARNIER, président de la Société industrielle de Reims.

Comité de Lyon

Secrétaire, M. Alph. BURNIER, rue Colsevoix, 1.

Président, M. VALENTIN, conseiller à la cour impériale.

Trésorier, M. G. ARLÈS-DUFOUR.

Comité de Genève

Président, M. Pictet de SERGY, ancien conseiller d'État;
Secrétaire, M. Paris FREUNDLER, homme de lettres;
Trésorier, M. BRUN, négociant, appartenant au parti radical;
Membres , MM. MARTIN, ancien officier et ancien pasteur ;
       Louis DUCHET, député catholique au Grand
       Conseil ;

       G. MOYNIER, président de la société d'utilité
       publique et du comité suisse de secours
       aux blessés.

Comité italien

Voici les noms des fondateurs *devotissimi :*
    MM.
Comte ARRIVABENE, député au Parlement.
B. CASTIGLIA, député au Parlement, conseiller à la cour de
   cassation de Florence.
Pierre GALATI, député au Parlement,
Comte GHIBELLINI, ex-député.
P.-S. MANCINI, professeur de droit international député
  au Parlement.
Professeur OLIVA, député au Parlement.

TABLE DES MATIÈRES

	pages
AVANT-PROPOS.	V
ASSEMBLÉE GÉNÉRALE.	1
Discours de M. MICHEL CHEVALIER, *président*.	2
Rapport de M. FRÉDÉRIC PASSY, *secrétaire général*.	34
Discours du R. P. HYACINTHE.	90
Lettre du R. P. GRATRY.	113
Allocution de M. le pasteur MARTIN PASCHOUD.	116
Renouvellement du Comité et nominations nouvelles.	122
Appel aux amis de la paix.	124

APPENDICE

Toast de M. A. CHENEVIÈRE, Vice-président de la confédération Suisse	127
Opinion de G. MOYNIER, président de la société Gènevoise d'utilité publique sur la convention de Genève.	130
Opinion de M. F. PASSY, sur le même sujet	131
Canon et charrue, par Mme Marie PAPE CARPENTIER.	132
Les dix articles de Paix, d'après Mme F. Lewald-Stahw, par M. L. HALÉVY, de l'Institut	135

Assassins et héros, par M. Eugène Dubois ... 137

Chant de guerre, par X. ... 138

Appel à la Paix, par Vincard aîné ... 140

Aux Ligueurs de la Paix, par J. Goybet, principal de l'école La Martinière ... 141

Extrait du *Progrès*, journal des institutions Belges ... 115

Guerre à la Guerre, chronique à coups de ciseaux, (contenant des extraits de M. Max Vedyt, J, Simon, A. Assollant, etc. ... 145

Discours de M. Couvreur à la Chambre des représentants de Belgique et réponse du ministre de ministre de la guerre. ... 162

Opinion *des militaires* sur la guerre. ... 168

Opinion des *armuriers*. ... 176

L'*Union de la Paix*, du Havre, (extraits du 3e bulletin). ... 178

Influence de la guerre de 1866 sur la *mortalité épidémique* en Allemagne. ... 182

Correspondance. — Lettres de MM. E. *Burrit, Monblet, Bonnel, Gaufrès*, H. *Maze*, docteur *Groussin*, G. *Lushington*, E. *Hangar*, *Beaumarchey*, ***, *Lindvigster, Guillebert*, J. *Lejeune*, etc. ... 186

Appel au commerce et à l'industrie, par M. Nottelle. ... 197

Aperçu des *journaux*; lettre de l'abbé Garaude au *Corrézien*. ... 202

Publications diverses en faveur de la Paix. ... 206

Liste des *membres fondateurs*. ... 208

La Ligue internationale de la Paix a pour but exclusif la propagation des idées indiquées dans sa déclaration précédemment publiée. (*V. au verso du titre*).

Sa durée est indéfinie.

Elle admet dans son sein, *sans distinction de race, de couleur ou de sexe, sans exception de parti ou de religion*, toutes personnes qui acceptent son programme et se sentent disposées à en seconder la réalisation,

La Ligue se compose : 1° de *Fondateurs* ; 2° de *Sociétaires* ; 3° d'*Adhérents*.

Le titre de Fondateurs est acquis aux membres actuels du Comité et à tous ceux qui dans le cours de la présente année auront versé une somme une fois payée de CENT FRANCS au moins.

Les Sociétaires doivent une cotisation annuelle de CINQ FRANCS. Cette cotisation n'est plus exigible si, avant l'ouverture d'une année nouvelle, le Sociétaire a déclaré renoncer à ce titre.

Les adhérents ne sont astreints à aucune obligation. Ils donnent, avec leurs noms, leur concours à l'œuvre commune, dans la mesure de leurs forces ; et la soutiennent, s'ils le jugent à propos, par leurs offrandes. Tous les dons volontaires jusqu'aux plus minimes, sont reçus avec une égale reconnaissance, et inscrits sur la liste générale des Membres.

Les Sociétaires et Fondateurs ont droit :

1° A un compte-rendu annuel de la situation financière et morale de la Ligue. — 2° A toutes les publications faites par elle ou en son nom. — 3° A une carte d'admission aux assemblées générales, conférences, lectures ou réunions organisées par la Ligue. Ils sont appelés à élire le Conseil d'Administration central et convoqués spécialement à cet effet chaque année.

La Ligue est représentée et administrée par un Conseil supérieur ou *Comité international*, siégeant quant à présent à Paris ; et par des *Comités nationaux*, formés sous les mêmes inspirations que le Comité central, dans les diverses contrées de l'Europe. Le Comité international est élu, à la majorité des suffrages exprimés, par les Sociétaires. Il désigne lui-même son bureau et fait son règlement intérieur. Cette élection a lieu, chaque année vers le 30 mai, date anniversaire de la déclaration collective qui a constitué la Ligue.

367—Abbeville. — Imprimerie Briez, C. Paillart et Retaux.